푸드스타일리스트 유한나와 전문의 조애경 박사가 함께한

자연을 그대로,
말린 음식으로 건강 요리하기

미래라이프

푸드스타일리스트 유한나와 전문의 조애경 박사가 함께한

자연을 그대로,
말린 음식으로 건강 요리하기

초판 1쇄 인쇄 2015년 9월 20일
초판 1쇄 발행 2015년 9월 25일

지은이 유한나, 조애경
펴낸이 박수길
펴낸곳 미래지식
기획 편집 김아롬, 이솔
디자인 김상희
사진 정우혁(디오 스튜디오)
요리&스타일링 푸드판타지(유한나, 이유영)
cooking assistant 배현경, 김한솔, 이혜민, 배상현, 박소영, 송치연
촬영 장소 푸드판타지 스튜디오(www.food-fantasy.co.kr)

주소 경기도 고양시 덕양구 통일로 140 삼송테크노밸리 A동 3층 333호
전화 02)389-0152
팩스 02)389-0156
홈페이지 www.miraejisig.co.kr
전자우편 miraejisig@naver.com
등록번호 제 313-2004-00067호

*이 책의 판권은 미래지식에 있습니다.
*값은 표지 뒷면에 표기되어 있습니다.
*잘못된 책은 구입하신 서점에서 바꾸어 드립니다.

ISBN 978-89-6584-294-1 13590

[이 도서의 국립중앙도서관 출판시도서목록(CIP)은 e-CIP 홈페이지(www.nl.go.kr/ecip)와
국가자료공동목록시스템(www.nl.go.kr/kolisnet)에서 이용하실 수 있습니다.]
CIP제어번호 : CIP2015024492

*미래라이프는 미래지식의 취미 실용 전문 브랜드입니다.
*미래지식은 좋은 원고와 책에 관한 빛나는 아이디어를 기다립니다.
이메일(miraejisig@naver.com)로 간단한 개요와 연락처 등을 보내주시면
정성으로 고견을 참고하겠습니다. 많은 응모바랍니다.

푸드스타일리스트 유한나와 전문의 조애경 박사가 함께한

자연을 그대로,
말린 음식으로 건강 요리하기

미래라이프

프롤로그

어릴 때부터 4대가 모인 대가족 속에서 살아왔기에 다양한 음식을 접할 수 있었어요. 다무래도 증조할머니, 친할머니 그리고 엄마와 함께 지낸 시간 속에서 저도 모르게 음식에 대한 다양한 정보와 열정이 생기지 않았나 싶어요. 그렇게 음식에 관련된 일을 시작한 지도 벌써 15년이 다 되어 간답니다.

지금은 음식을 아름답게 연출하고 촬영을 하며 메뉴도 개발하고 파티를 진행하면서 음식과 떨어질 수 없는 하루하루를 보내고 있어요. 하지만 이렇게 다양한 음식들을 관리하고 다루다 보니 한 가지 고민이 생겼어요. 다름이 아니라 음식을 보관하는 문제였어요. 아무리 철저히 준비하고 장을 보아도 신기하게 음식 재료들은 꼭 남게 마련이에요. 이렇게 남은 식재료들을 어떻게 처리해야 할지가 가장 큰 고민이었어요. 그래서 최근 식재료를 말려서 보관하고 요리하는 방법에 많은 관심이 생겼어요.

식재료를 말리면 수분이 빠지기 때문에 부피는 줄어들고 무게도 가벼워져서 보관하기에 참 편리해요. 그래서 처음에 시도한 것이 채반에 재료들을 썰어서 늘어놓고 면보를 덮어서 말리는 방법이었어요. 하지만 이렇게 말리다 보니 재료가 고르게 마르지 않았고, 먼지나 벌레들에게서 자유로울 수 없었어요. 이러한 고민을 하던 차에 알게 된 것이 바로 식품건조기를 이용해서 건조하는 방법이에요. 식품건조기를 이용해서 식재료를 말릴 수 있다는 사실은 저에게는 신세계와 같았어요. 깨끗하게 건조된 식재료가 한꺼번에 생기는 일이었거든요.

처음에는 그렇게 만들어진 식재료를 대부분 간식으로 집어 먹었어요. 혹은 간단히 국을 끓이거나 나물을 만들어 먹는 게 다였지요.

그런데 문득 생각해보니 이렇게만 건조 음식을 먹는다는 것이 너무 아까웠어요. 말린 식재료들을 활용할 수 있는 방법이 있을 거라는 생각에 열심히 찾아보니까 의외로 말린 식재료를 활용할 수 있는 레시피들이 별로 없었답니다. 그래서 이러한 식재료를 이용해서 다양한 레시피를 만들어보기로 했어요. 열심히 연구하며 개발하다 보니 말린 식재료를 이용해서 만들 수 있는 음식이 정말 다양하고 많다는 것을 알게 되었어요. 건조 음식은 한식과도 무척 잘 어울리는 맛을 가지고 있어요. 반면에 양식을 만들기에도 장점이 많았답니다. 거의 대부분 식재료를 말릴 수 있었고, 요리할 수 있었어요. 재료의 한계가 없다 보니 상상한 요리들을 자유롭게 표현할 수 있었답니다.

이렇게 만들어진 음식들을 아기부터 신랑 그리고 스튜디오 식구들까지 함께 모여 먹었는데 그 맛이 정말 훌륭했어요. 또한, 저장성이 좋아서 한 번에 대량으로 만들어서 인심 좋게 여기 저기 나눠줄 수도 있었어요. 그런데 처음에 엄청나게 많아 보였던 재료들이 말리고 나면 양이 확 줄어서 얼마 되지 않는 경우도 있었어요. 이렇게 재료에 따라서 말리기 전과 후의 모양이나 양이 차이가 많이 났어요.

그리고 직접 식재료를 말리면서 알게 된 점은 시중에서 파는 말린 음식과 직접 말린 음식의 차이예요. 파는 말린 음식들은 이상하게도 특유의 냄새가 많이 나는데, 직접 말린 식재료는 말린 음식 특유의 냄새가 별로 나지 않았어요. 그러니 아주 많은 양의 식재료가 필요한 것이 아니라면 소량으로 직접 말려서 먹는 것이 가장 좋은 방법인 것 같아요.

일반적으로 드레싱이나 소스는 샐러드에만 쓰인다고 생각하는 경우가 많은데 사실 대부분 음식들이 소스를 어떻게 활용하느냐에 따라 그 맛이 좌우돼요. 그래서 이 책에서는 각 음식

에 들어가는 소스들의 레시피를 정확히 알 수 있게 구성했어요.

매일 똑같은 밥상이 지루한 분들을 위해서 1장과 2장에서는 말린 식재료를 이용해서 만들 수 있는 다양한 밥과 반찬에 대한 레시피를 소개했어요. 간단하게 냉동실에 보관된 말린 식재료와 소스만 있으면 뚝딱 만들어서 한 끼 식사를 해결할 수 있지요. 한국 사람이라면 빼놓을 수 없는 찜, 조림, 국, 찌개도 3장에서 소개했어요. 이렇게 가족들과 함께하는 매일 밥상에단 그치지 않고 손님이 왔을 때 솜씨를 뽐내볼 수 있는 내용들을 4장 손님 초대 요리에 담았어요. 그리고 말린 식재료를 이용해서 만들기 가장 좋은 간식은 5장에서 찾아볼 수 있답니다.

냉장고 한쪽 구석을 차지하고 있는 천덕꾸러기 말린 식재료를 이용해서 다양하고 풍성한 식탁을 차릴 수 있다는 것을 이 책을 통해 알게 될 거예요. 또한, 주방에 잘 쓰지 않았던 식품건조기가 있다면 오늘부터 이 책과 함께 적극 활용해보세요.

이 책을 만들면서 사진 한 장 한 장, 스타일 하나하나에 많은 신경과 정성을 쏟았어요. 독자들에게 단순히 레시피 북이 아닌, 예쁘고 세련된 소장용 책으로도 가치가 있었으면 하는 마음이에요. 바쁘신 와중에도 함께 작업을 하느라 고생하신 조애경 원장님, 감각적인 사진을 찍어주신 디오 스튜디오의 정우혁 실장님, 언제나 파이팅 넘치는 푸드판타지의 이유영 스타일리스트와 함께 작업을 할 수 있어서 정말 행복한 시간이었습니다. 이 책을 보시는 많은 분에게도 이런 행복하고 맛있는 마음이 전달되었으면 합니다.

푸드판타지에서
푸드스타일리스트 유한나

프롤로그

대학에서 의학을 공부하고 의사가 되어 병원에서 생활을 한 지도 어느덧 25년이 넘는 세월이 흘렀습니다. 처음 실습을 하고 인턴, 전공의 과정을 거치면서 마치 세상의 아픈 사람을 다 구할 것 같은 호기로운 생각이 들 때도 있었고, 환자가 단순히 어떤 질병으로만 보이던 시기도 있었습니다. 하지만 점점 더 많은 환자를 보게 되면서 초기 의사 시절과는 다른 생각이 들기 시작했습니다. 어떤 환자, 어떤 질병이든 교과서대로 약을 처방하고 수술하면 될 것 같았지만, 현실은 그렇지 않았습니다. 같은 질병도 환자에 따라 다양한 경과를 보였고, 같은 위험 인자를 가지고 있어도 발현이 다양하게 나타났습니다. 그런 현상을 겪다 보니 무엇보다 중요한 것은 하루하루를 살아가는 개인의 생활 습관, 그중에서도 식습관이 매우 중요하다는 것을 알게 되었습니다. 비슷한 위험 상황에 처하더라도 평소의 생활 습관이나 식습관이 좋으면 질병의 이환율도 낮고, 질병에서 회복되는 속도도 훨씬 빠른 것을 볼 수 있었지요. 별거 아닌 하루 한 끼 식사도 알고 보면 100세 시대에 3만 끼니를 채우는 한 끼라는 사실은 결코 하찮게 볼 수 없는 것입니다.

하지만 현실은 그렇지 않습니다. 요즘 사람들은 하루 24시간이 모자랄 정도로 생활이 바쁘고, 자신을 돌볼 여유도 충분하지 않습니다. 특히 일하는 여성들은 일과 육아, 가사 일을 모두 잘하기가 정말 어렵습니다. 몸에 좋은 건강한 식재료, 천연 식품을 매일 챙겨 먹는 것은 생각만큼 쉬운 일이 아닐 것입니다. 어느 날, 마음먹고 채소나 생선, 해조류를 사와서 정성껏 다듬어 한 끼를 만들면, 다음 끼니는 그 다음 날이 아닌 경우가 허다합니다. 곧 먹어야지 하면서 냉장고 안에서 무르고, 변하고, 상한 식재료들의 양이 적지 않을 것입니다. 냉장고를 정리하며 이런 식재료를 다시는 많이 사지 않겠노라 다짐을 하게 되지요. 채소 소믈리에인 저 역시 채소를 사면 보관에 대한 부담을 느낍니다. 양을 적게 구매하더라도 가족 수가 적은 가정에서는 재료를 한 번에 다 먹기란 쉬운 일이 아닙니다. 그래서 갈아서 먹고, 냉동시켰다

가 먹는 등 다양한 방법으로 보관 기간을 늘려 보기도 합니다. 하지만 결국 외식을 하고, 간편한 즉석 식품을 사서 먹게 되지요. 물론 누구나 건강한 식생활을 하고 싶은 마음이 있을 것입니다.

그러던 중 ○유식 다이어트의 인연으로 알게 된 푸드스타일리스트 유한나 씨의 제안으로 말린 음식에 대한 책을 출간하게 되었습니다. 이번 기회에 말린 음식에 대해 충분히 공부하고 관심을 가져보니 말린 식품은 단순히 말리는 것 이상의 상당한 가치가 있음을 발견하게 되었습니다. 현대인에게 부족한 식이섬유의 보충 그리고 채소를 장기간 보관할 수 있다는 것 등 알수록 재미있는 사실들이었습니다. 또한, 영양도 풍부해지며 식감도 다채로워지는 말린 음식은 제게 새로운 세계를 보여주었습니다. 식이섬유의 영양뿐만 아니라 현대인에게 필요한 다양한 영양소가 고르게 들어 있는 말린 식품은 어쩌면 차세대 식탁의 대표 선수가 되지 않을까 싶은 생각마저 듭니다.

이 책을 통해 많은 사람이 말린 음식에 대한 정확한 지식과 요리 방법을 알게 되고 건강한 삶을 살아가는 데 많은 도움이 되었으면 하는 바람입니다.

함께 작업한 유한나 푸드스타일리스트와 김아롬 편집실장님께 좋은 기회를 함께하게 된 것을 감사드리며, 건강한 몸과 건강한 식생활에서 아름다움이 시작된다는 기초 상식을 어려서부터 실천하고 알려준 내 삶의 멘토이신 어머니께 이 책을 드립니다.

채소 소믈리에
의학박사 조애경

Contents 목차

프롤로그 1 by 유한나 05
프롤로그 2 by 조애경 08

건조 식재료 소개 014
계절별 식재료 사용하기 018
식재료 똑똑하게 고르기 020
조리 도구 준비하기 024
천연 조미료 만들기 028
천연 육수 만들기 030
식재료 계량하기 032
식재료 건조하는 방법 033
건조 식품을 보관하는 방법 034
식품건조기 똑똑하게 활용하기 035

PART.01 밥 만들기

굴밥 042
늙은호박 현미밥 044
삼치 유자밥 046
도라지 생강밥 048
연근밥 050
달래 팥 찹쌀밥 052
봄나물 모둠 버섯밥 054
말린 무청밥 056
굴비 녹차밥 058
곰취 잡곡밥 060
마늘 새우 흑미밥 062

고구마 묵은지밥 064
세발나물 표고 영양밥 066
관자 아스파라거스밥 068
옥수수 시금치 현미밥 070
매생이 홍합밥 072
브로콜리 당근밥 074
장어 데리야끼 덮밥 076
가지 두부밥 078
전복 무말랭이 솥밥 080

조애경 원장의 맛있는 건강 Q&A 082

PART.02 무침 · 볶음 · 전 만들기

레몬청 참외 무침 086
말린 고사리 볶음 088
말린 무청 나물 090
말린 굴비 고추장 무침 092
멸치 고구마 볶음 094
말린 죽순 골뱅이 무침 096
말린 통마늘 볶음 098
말린 취나물 볶음 100
모둠 묵 무침 102
우엉 호두 볶음 104
말린 두부 볶음 106
말린 감자 견과류 볶음 108
말린 도라지 바지락 초무침 110
호박고구마 사과전 112
말린 채소 잡채 114
풋마늘 미소된장 볶음 116
말린 전복 잣 볶음 118
말린 닭가슴살 죽순 볶음 120
말린 냉이 콩가루 무침 122
강낭콩 표고 동그랑땡 124

조애경 원장의 맛있는 건강 Q&A 126

PART.03 국·조림·구이 만들기

홍합탕 130
나물 전골 132
두부 전골 134
전복 파프리카 조림 136
오징어 토마토 조림 138
대구탕 140
조기 고추장 양념구이 142
두부 신김치 청국장 찌개 144
방풍나물 쑥국 146
말린 호박 미소된장국 148
느타리버섯 강된장 찌개 150
돼지고기 무 버섯 조림 152
북어 양념구이 154
가지 닭고기 조림 156
고구마순 꽁치 조림 158
북어포 콩나물국 160
말린 꽃게살 완자탕 162
말린 더덕 찹쌀구이 164
말린 연근 강정 166
말린 전복 장조림 168

조애경 원장의 맛있는 건강 Q&A 170

PART.04 손님 초대 요리 만들기

말린 단호박 뇨끼 174
말린 저장 수제비 176
크랜베리 치킨 냉파스타 178
말린 사과 쌀 피자 180
말린 묵 영양부추 샐러드 182
말린 파인애플 볶음밥 184
말린 두부 녹차 연저육찜 186
말린 묵 잡채 188
말린 과일 리코타 치즈 샐러드 190
부럼 찰떡볶이 192

갈린 주꾸미 파전 194
갈린 해물 파에야 196
단호박 프리타타 198
썬드라이드 토마토 통밀 타코 200
말린 고갈비 202
찹쌀 표고 탕수육 204
말린 닭가슴살 그린카레 206
닭가슴살 짜죠 208
양파 칩 리코타 치즈 연어 샐러드 210
쫀득한 돼지안심 냉채 212

조애경 원장의 맛있는 건강 Q&A 214

PART 05 간식 만들기

바나나 추로스 218
말린 새우 칩 220
퀴노아 에너지바 222
깜빠뉴 러스크 224
말린 절편 타르트 226
곶감 메밀 그래놀라 228
갈린 과일 칩 퐁듀 230
민트초코 칩 호두 쿠키 232
말린 당근 브라우니 스틱 234
말린 고구마 감자 맛탕 236
허니버터 오징어 구이 238
오렌지 마멀레이드 240
블루베리&아사이베리 스무디 242
캐슈너트 두유크림 애플 토르테 244
마카다미아 필링 초콜릿 246
바나나 메밀 타르트 248
채소 크래커 250
3미 다식 252
프락토 앙금과자 254
귤 머핀 256

조애경 원장의 맛있는 건강 Q&A 258

도움 주신 곳 260

거의 대부분 식재료를 건조시킬 수 있어요. 하지만 건조시킨 식재료의 특징과 활용법을 정확히 알아야 효과적으로 사용할 수 있답니다.

말린 귤 | 새콤달콤한 맛이 농축되어서 간식으로 먹기에 좋아요. 또한, 샐러드에 넣어서 먹으면 바삭바삭한 식감과 함께 더욱 색다른 맛을 즐길 수 있어요.

말린 참외 | 참외를 말리면 식감은 바삭하면서 단맛은 훨씬 강하게 느껴져요. 대부분 과일은 말리면 단맛이 더욱 강해지는 특징이 있어요.

말린 사과 | 사과를 말리면 디저트를 만들 때 다양하게 활용하기 좋아요. 특히 사과는 익혀서 먹어도 맛이 좋은데, 말린 사과를 오븐 요리에 활용해도 아주 맛있어요.

말린 토마토 | 토마토는 말려서 파우더로 사용해도 좋고, 말리는 정도를 조절해서 여러 음식에 다양한 용도로 사용할 수 있는 대표적인 건조 식재료예요.

말린 크랜베리 | 건포도와 비슷한 식감이 나요. 조금 더 새콤한 맛을 내는 것이 특징인데 파스타처럼 소스가 있는 음식이나 육류에 잘 어울려요.

말린 파인애플 | 파인애플은 말리면 신맛이 조금 더 강하게 나기 때문에 기름기가 많은 고기 요리에 활용하면 좋아요.

말린 블루베리 | 견과류와 매우 잘 어울려요. 견과류가 들어가는 음식에 같이 넣으면 더욱 맛있어요.

말린 오렌지 | 맛과 향이 매우 좋아요. 다른 말린 과일과 혼합해서 차로 마셔도 좋고, 음식을 장식할 때 활용해도 좋아요.

말린 삼치 | 감칠맛이 더욱 강해지면서 생선 특유의 물컹거리는 식감이 덜해서 먹기에 좋아요.

말린 굴비 | 쫀득한 식감과 강한 감칠맛이 특징이에요. 구이, 찜, 볶음으로 다양하게 활용할 수 있어요.

말린 관자 | 그 자체로 요리를 해도 좋지만, 바짝 말린 관자를 갈아서 조미료로 사용하면 음식을 할 때 맛을 내는 기본 베이스로 활용하기 좋아요.

말린 홍합 | 어떤 요리에도 활용할 수 있어요. 특히, 홍합을 끓인 육수를 이용해서 요리를 하면 시원한 맛이 나는 국물을 만들 수 있어요.

말린 매생이 | 국으로 끓여 먹어도 좋지만 무침으로 만들어 먹으면 더욱 맛있어요. 말린 매생이가 많이 있다면 가루로 만들어서 국을 끓일 때마다 조금씩 넣어 보세요.

말린 도라지 | 나물 요리나 밥 요리에 사용해요. 말리는 정도에 따라서 아삭하고 쫀득한 다양한 식감을 얻을 수 있어요. 그리고 많은 양의 도라지를 말려 두었다면 따뜻한 차를 우려 먹어도 좋아요.

말린 연근 | 연근은 말려도 아삭한 식감이 사라지지 않아요. 오히려 밥이나 조림을 했을 때 모양이 부서지지 않고 아삭한 식감도 살아 있지요. 밥이나 조림 요리 말고도 말린 연근으로 튀김 요리나 전 요리, 샐러드에 활용할 수 있어요.

말린 죽순 | 말려서 냉동실에 보관해두었다가 조리하기 직전에 물에 담가 불려서 사용해요. 보통 죽순은 볶음 요리에 많이 사용하지만, 생선과 함께 조림을 만들어도 맛있답니다.

말린 마늘 | 생마늘에 비해 강한 냄새가 거의 없어요. 말린 마늘을 곱게 갈아서 천연 조미료로 쓰거나 말린 마늘로 조림 요리를 하면 마늘을 싫어하는 사람도 잘 먹을 수 있어요.

말린 고사리 | 향이 좋아요. 보통 나물로 많이 먹지만 탕이나 해물 등을 넣고 조림으로 만들어도 맛이 좋아요.

말린 무청 | 말린 후 냉동실에 보관해두었다가 두고두고 꺼내 먹을 수 있어요. 무청으로 탕이나 해장국을 많이 끓여 먹지만 무청을 이용해서 나물 요리나 밥, 조림 등으로 다양하게 요리할 수 있어요.

말린 우엉 | 식이섬유가 많이 들어 있어서 대장암 예방과 다이어트에 효과적인 음식이에요. 밥을 지어 먹거나 조림으로 많이 먹는데, 말린 우엉을 볶은 후 우려서 차로 먹을 수도 있답니다.

말린 감자 | 말린 고구마처럼 쫀득하고 고소해서 아이들 천연 간식으로 만들어주면 좋아요. 또는 맛탕이나 구이, 반찬으로 다양하게 활용할 수 있어요.

말린 무 | 간편한 조리에는 딱딱해서 바로 사용할 수가 없어요. 그때는 물에 불려 놓았다가 조리를 하면 편해요. 조림 요리를 할 때 말린 무를 사용하면 무가 쉽게 부서지지 않고 모양을 그대로 유지해요.

말린 늙은호박 | 부기를 제거하는 데 탁월한 효과가 있어요. 말린 후에 갈아서 수제비, 칼국수 등에 많이 사용해요. 또는, 우유에 넣고 끓여서 마시면 한 끼 식사로도 든든하지요.

말린 고구마 | 말리는 시간에 따라 다양한 식재료가 돼요. 반건조 형태로 말리면 간식으로 두고두고 먹을 수 있고, 바삭하게 말린 고구마는 오븐에 굽거나 튀겨서 안주로 만들기도 좋아요.

말린 단호박 | 껍질째 말린 후 가루를 내서 천연 색소로 사용하거나 삶아서 말린 후 달걀 요리, 탕, 국 등에 넣어도 좋아요. 말렸기 때문에 모양이 잘 부서지지 않아요.

말린 더덕 | 더덕은 말려도 그 향이 그대로 살아 있어요. 말린 더덕을 구워 먹어도 좋지만, 밥을 지을 때 넣으면 더덕의 향을 고스란히 느낄 수 있어요.

말린 당근 | 당근은 보통 한 번 살 때 여러 개를 사게 돼요. 그래서 필요한 만큼의 양만 두고 나머지는 썰어서 말려 두었다가 두고두고 사용하면 편리합니다.

말린 브로콜리 | 볶음, 조림, 밥에 넣어 조리해 먹으면 브로콜리 향이 살아 있으면서 쉽게 으깨지지 않아요. 편식을 하는 아이들에게는 말린 브로콜리의 가루를 넣은 빵이나 쿠키를 만들어주면 좋아요.

말린 가지 | 말린 가지는 수분을 완전히 말려줘야 곰팡이가 생기지 않고 오랫동안 보관할 수 있어요. 말린 가지로 밥을 지어도 좋지만, 팬에 살짝 볶아 양념장에 무쳐도 맛있답니다.

말린 양파 | 말린 양파는 말릴 때 바싹 말려주면 양파 칩으로 사용할 수 있어요. 이 양파 칩은 샐러드나 파스타 요리에 허브 대신 장식으로 올리기 좋아요.

말린 달래 | 봄철에 나는 달래를 사다가 말려서 사계절 내내 향 긋한 찌개, 국, 나물 등을 만들 수 있는 것이 장점이에요.

말린 곰취 | 삶아서 말린 뒤에도 다시 조리할 때는 한 번 푹 삶은 후 찬물에 여러 번 헹궈서 사용해야 군내가 나지 않아요.

말린 시금치 | 옥수수와 함께 밥을 지을 때 넣어도 좋지만, 갈아서 천연 조미료로 사용해도 좋아요.

말린 취나물 | 말린 취나물은 향이 오래도록 유지돼서 언제든 맛있는 취나물을 즐길 수 있어요. 그러나 조리하기 전에는 한 번 삶아서 군내를 없애는 게 좋아요.

말린 풋마늘 | 기를 보충하는 데 좋은 식재료로 말려 두었다가 나물이나 무침 등으로 만들어 먹으면 좋아요. 또한, 말린 당근, 마늘 등과 함께 갈아서 천연 조미료로 사용할 수 있답니다.

말린 쑥 | 한 번 찐 다음에 말리는 게 향도 유지할 수 있고, 색깔도 변하지 않는답니다. 이렇게 말린 쑥은 국, 탕, 밥, 떡 등 다양한 요리에 사용해요.

말린 방풍나물 | 부드럽게 먹고 싶을 때는 말린 방풍나물을 삶아서 하루 정도 물에 불려놓으면 돼요. 불린 방풍나물은 무침이나 볶음, 탕, 국에 다양하게 사용해요.

말린 고구마순 | 파릇한 색깔의 고구마순을 데쳐서 말리면 갈색으로 바뀐답니다. 그러나 향이나 맛은 변하지 않아서 조림이나 볶음 요리에 사용해도 그 맛이 좋아요.

말린 버섯 | 말릴수록 버섯의 고소한 맛이 진해져요. 말린 버섯을 물에 불려 잡채나 찌개, 볶음 등을 해 먹을 수 있어요.

말린 묵 | 물에 불려서 사용해야 딱딱하지 않고 쫄깃한 식감을 얻을 수 있어요. 도토리묵뿐만 아니라 파프리카 같은 색깔 있는 재료를 갈아서 청포묵 가루에 섞어 다양한 묵을 만들 수 있답니다.

말린 두부 | 겉은 쫀득하고 속은 부드러워 고기와 같은 식감을 느낄 수 있어요. 또한, 고소한 맛이 강해서 국이나 찌개, 볶음 요리에 주로 사용해요.

말린 떡 | 떡을 말리면 수분이 다 날아간 상태로 보관할 수 있어 보관 기간이 길어져요. 조리하기 전에 물에 떡을 불렸다가 사용하면 다시 쫄깃한 식감의 떡을 맛볼 수 있답니다.

말린 닭가슴살 | 익혀서 말린 것이면 바로 먹어도 무관하지만 익히지 않았다면 조리할 때 반드시 물을 조금씩 부어가면서 조리해야 속까지 익힐 수가 있어요. 물을 조금씩 부어가면서 익히는 게 번거롭다면 조리하기 전에 물에 20~30분 정도 불린 후에 사용하세요.

말린 돼지고기(안심) | 말린 돼지고기 안심은 속은 부드럽고 겉은 쫀득한 식감을 내요. 안심 말이나 무침, 탕 요리에 활용해요.

말린 장어 | 한 번 찐 다음에 양념을 발라서 구이로 먹어도 그뿐만 아니라 말린 장어를 넣고 탕을 만들어도 맛이 좋아요.

말린 전복 | 강한 향을 내는 것이 특징이에요. 전복 특유의 풍미가 강하게 올라오면서 짭짤하고 동시에 단맛을 지니지도. 충분히 물에 불려서 말랑말랑하게 만든 후에 조리해야 해요

말린 조기 | 생조기의 부드러운 식감과는 다르게 쫀득한 식감을 가지고 있어요. 이 쫀득한 식감을 살려서 칼칼한 조림 요리나 얼큰한 매운탕을 끓여도 좋아요.

말린 명태 명태를 말리면 북어가 돼요. 북어는 습기에 매우 약해서 곰팡이가 생기기 쉬우니 바람이 잘 통하는 서늘하고 건조한 곳에 보관해야 해요. 북어는 탕, 국뿐만 아니라 짭잘하게 먹을 수 있는 북어 보푸라기, 북어 조림 등을 만들어 먹어요.

말린 꽃게 살 | 꽃게의 감칠맛과 향을 고스란히 가지고 있어요. 그래서 천연 조미료로 사용할 수 있고, 전이나 수제비 등 반죽에도 활용할 수 있답니다.

말린 주꾸미 | 식감은 오징어와 비슷해요. 그래서 술안주로 구워 먹거나 물에 불려서 파전이나, 볶음 요리로 먹기 좋아요.

말린 고등어 | 냉동 고등어보다는 생고등어로 말려야 맛이 좋아요. 구이도 좋지만 쫀득한 식감을 살리려면 찜이나 조림에 활용해요.

말린 새우 말리기 전과 후의 향 차이가 확연히 드러나요. 말리고 난 후에 새우의 향이 더 진하게 나지요. 그러니 천연 조미료로 만들어서 탕, 국, 볶음 요리에 넣으면 좋아요.

Dry food recipe
계절별 식재료 사용하기

제철에 나는 식재료를 활용하면 건강한 음식을 만들 수 있어요. 또한, 제철에 식재료를 건조시킨 후 음식을 만들면, 철이 지나도 그 식재료의 영양을 충분히 섭취할 수 있지요.

봄

	채소류	생선&해물류	과일류
3월	고사리, 냉이, 더덕, 돌나물, 두릅, 마늘종, 미나리, 봄동, 부추, 브로콜리, 비트, 쑥, 애호박, 양배추, 얼갈이배추, 연근, 열무, 우엉, 적양배추, 총각무, 취나물, 토마토, 표고버섯 등	가자미, 김, 꼬막, 대합, 도미, 모시조개, 미역, 바지락, 병어, 임연수어, 조기, 주꾸미, 톳, 파래, 피조개 등	귤, 딸기, 레몬 등
4월	강낭콩, 고사리, 돌나물, 마늘종, 머위, 봄동, 부추, 비트, 상추, 쑥, 쑥갓, 아스파라거스, 애호박, 양배추, 양상추, 양파, 연근, 오이, 완두콩, 적양배추, 죽순, 취나물, 토마토, 파프리카, 표고버섯 등	도미, 뱅어포, 병어, 암꽃게, 주꾸미, 참조기, 키조개 등	딸기, 레몬, 살구, 참외 등
5월	가지, 고구마순, 더덕, 도라지, 마늘, 미나리, 봄동, 부추, 비트, 상추, 아스파라거스, 아욱, 애호박, 양배추, 양파, 얼갈이배추, 오이, 완두콩, 죽순, 토마토, 파, 표고버섯, 호박잎 등	고등어, 꽁치, 넙치, 멍게, 멸치, 병어, 암꽃게, 오징어, 잔 새우, 전복, 참치, 홍어 등	딸기, 레몬, 매실, 앵두, 자두, 참외 등

여름

	채소류	생선&해물류	과일류
6월	가지, 감자, 근대, 깻잎, 부추, 셀러리, 시금치, 아욱, 애호박, 양배추, 양파, 연근, 오이, 옥수수, 콩류, 토마토, 파프리카, 표고버섯, 호박잎 등	민어, 병어, 삼치, 오징어, 전갱이, 전복, 준치, 참조기, 흑돔 등	매실, 복숭아, 살구, 수박, 자두, 참외, 포도 등
7월	가지, 감자, 근대, 깻잎, 노각, 부추, 브로콜리, 시금치, 아욱, 애호박, 양배추, 양파, 연근, 열무, 오이, 옥수수, 총각무, 콩, 토마토, 표고버섯, 피망 등	갈치, 갑오징어, 광어, 병어, 오징어, 장어, 홍어 등	멜론, 복숭아, 산딸기, 수박, 아보카도, 자두, 참외, 포도 등
8월	가지, 감자, 고구마, 고구마순, 근대, 깻잎, 도라지, 브로콜리, 시금치, 아욱, 애호박, 양배추, 양상추, 양파, 열무, 오이, 옥수수, 콩, 토마토, 표고버섯 등	갈치, 성게, 오징어, 잉어, 장어, 전갱이, 전복 등	멜론, 복숭아, 수박, 포도 등

- 재철에 나는 식재료를 말려야 더욱 맛이 좋고 건강한 음식을 만들 수 있어요.
- 대량으로 식품을 건조시킬 때에는 인터넷 쇼핑이나 산지에서 신선한 물건을 저렴하게 구입하는 것도 방법이에요.
- 재료를 선택할 때는 재료의 상태를 꼼꼼히 확인하고 구입하는 것이 좋아요.

가을

	채소류	생선&해물류	과일류
9월	감자, 고구마, 고추, 깻잎, 느타리버섯, 당근, 도라지, 부추, 송이버섯, 시금치, 아욱, 양파, 연근, 오이, 옥수수, 토란, 토마토, 표고버섯, 풋콩, 호박 등	갈치, 굴, 꽃게, 새우, 연어, 오징어, 장어, 전어, 참조기, 해파리 등	무화과, 배, 사과, 석류, 포도 등
10월	고구마, 고추, 느타리버섯, 늙은호박, 당근, 도라지, 도토리, 무, 부추, 브로콜리, 송이버섯, 순무, 시금치, 양송이버섯, 쪽파, 팥, 호박 등	가자미, 갈치, 고등어, 광어, 굴, 꽁치, 꽃게, 낙지, 대하, 대합, 병어, 삼치, 소라, 연어, 장어, 청어, 홍합 등	감, 대추, 모과, 밤, 배, 사과, 석류, 오미자, 유자, 은행, 잣 등
11월	늙은호박, 당근, 무, 배추, 부추, 브로콜리, 숙주, 시금치, 연근, 우엉, 콩나물, 파, 호박 등	갈치, 고등어, 광어, 굴, 대구, 대하, 대합, 명태, 문어, 병어, 삼치, 성게, 소라, 연어, 오징어, 옥돔, 참치 등	감, 귤, 대추, 모과, 배, 사과, 오미자, 유자, 키위, 홍시 등

겨울

	채소류	생선&해물류	과일류
12월	당근, 무, 배추, 숙주, 시금치, 시래기, 연근, 콜리플라워, 콩나물, 호박 등	가오리, 가자미, 갈치, 고등어, 광어, 굴, 김, 꼬막, 꽃게, 낙지, 넙치, 대게, 대구, 대하, 동태, 문어, 미역, 방어, 병어, 복어, 삼치, 새우, 소라, 파래, 홍합 등	감, 귤, 대추, 딸기, 바나나, 사과, 키위 등
1월	고구마, 늙은호박, 당근, 무, 브로콜리, 숙주, 시금치, 연근, 우엉, 콩나물 등	가자미, 갈치, 고등어, 굴, 김, 대구, 동태, 문어, 미역, 민어, 병어, 삼치, 새우, 생태, 아귀, 옥돔, 해삼, 홍합 등	감, 귤, 딸기, 레몬, 사과 등
2월	고비, 냉이, 달래, 당근, 두릅, 두미나리, 봄동, 브로콜리, 숙주, 순무, 시금치, 쑥, 양파, 연근, 우엉, 참나물, 취나물, 콩나물 등	가자미, 고등어, 광어, 굴, 김, 꼬막, 낙지, 다시마, 대구, 미역, 병어, 삼치, 새우, 생태, 전복, 청각, 파래, 홍합 등	귤, 딸기, 레몬, 사과 등

Dry food recipe
식재료 똑똑하게 고르기

식재료를 고를 때 조금만 신경을 쓰면 좋은 식재료를 고를 수 있어요. 간단한 팁만 알고 있어도 훨씬 도움이 되지요. 평소에 식재료 고르는 방법에 익숙하지 않다면 간단히 메모를 해서 장을 보는 것도 좋은 방법이에요.

쌀 & 찹쌀 & 현미
쌀알의 표면은 광택이 나면서 맑은 것이 좋으며, 쌀알의 모양이 균일하면서 입자가 고르고 부서진 가루가 많지 않은 것이 좋아요.

들깨
낟알의 크기가 고르고 갈색이 선명하며, 윤기가 흐르는 것이 좋아요.

대추
주름이 적고 껍질이 붉으며, 대추 속이 황백색인 것을 골라요.

밤
알이 굵고 도톰하면서 껍질이 윤기가 나는 갈색인 것이 좋아요.

호두
손으로 들었을 때 묵직하게 무게감이 있으면서 껍질을 까지 않은 것이 좋아요.
껍질에 구멍이 뚫린 것은 피하세요.

잣
중국산과 국산 잣의 형태가 다르니 잘 살펴보고 골라요.
국산은 잣의 크기가 고르고 일정하며 먹었을 때 고소한 맛이 나요.

옥수수
껍질은 연녹색을 띠면서 축축하게 수분이 있는 것이 좋아요.
알갱이가 촘촘하게 박혀 있고, 알갱이를 떼어서 살폈을 때 탄력이 있는 것을 골라요.

캐슈너트
이물질이 없고 냄새가 나지 않으며, 부드러운 맛이 나는 것이 좋아요.

크랜베리
크랜베리는 붉은빛이 돌며 크기가 일정하고 건조가 잘 된 것이 좋아요.

땅콩
껍질이 붙어 있는 국산을 구입하고 곰팡내가 나는 것은 피하세요.

아몬드
너무 마르지 않았으며, 붉은 갈색을 띠고 있는 것이 좋아요.
포장 제품을 구입할 때는 반드시 유통기한과 포장의 진공 상태를 확인하세요.

아보카도
껍질의 색이 녹색에서 약간 검게 변할 때 손으로 쥐어 봐서 조금 탄력이 느껴지는 것이 좋아요.

감자
단단하면서 들었을 때 묵직하고 껍질이 매끈하면서 표면에 주름이 없는 것이 좋아요.
싹이 난 감자는 독소가 있기 때문에 사용하면 안 돼요.

고구마
색이 일정하면서 선명해야 해요. 표면이 균일하고 울퉁불퉁하지 않으면서 무른 흔적이 없는 것이 좋아요.

단호박
껍질이 딱딱하고 좋으며, 잘랐을 때 과육의 노란색이 짙고 속에 씨가 꽉 찬 것이 좋아요.

배추
같은 크기라면 들었을 때 무게감이 있고 묵직한 것을 골라요.
줄기의 흰 부분을 눌렀을 때 단단하고 수분이 많으면서, 반으로 갈랐을 때 줄기의 두께가 얇으면 좋아요.

오이
껍질 표면의 녹색이 진하면서 가시가 있고 탄력과 광택이 있는 것이 좋아요.
굵기가 고르고 꼭지의 단면이 싱싱한 것을 골라요.

양배추
푸른 겉잎이 그대로 붙어 있고 속이 꽉 차 무게감이 있어야 해요.
겉잎은 윤기가 흐르면서 탄력이 있고, 동그랗게 잘 말려 있는 것을 골라요.

애호박
표면은 윤기가 나면서 연두색을 띠는 것이 좋아요.
잘린 꼭지 부분이 시들지 않고 싱싱한 것을 골라요.

청경채
잎은 선명한 녹색이 나면서 시들지 않은 것을, 줄기 부분은 약한 청록색을 띠면서 광택이 있는 것을 골라요.

무
전체적으로 희고 모양이 고르면서 단단한 것이 좋아요. 울퉁불퉁하거나 말라 있는 것은 속에 바람이 들었을 수도 있어요.
윗부분이 연두색인 무가 더 단맛이 나요.

셀러리
잎은 선명한 녹색이고 줄기는 연녹색으로 굵고 길며 연한 것이 좋아요.
줄기의 요철 모양이 두드러지고 겉대와 속대의 굵기가 일정한 것이 좋아요.

콜리플라워
송이가 부서지지 않고 단단한 것이 좋아요.
줄기가 굵고 흰 광택이 나면서 뿌리가 투명한 것이 좋아요.

꽃상추
색이 선명하고 윤기가 흐르면서 야들야들하고 줄기가 단단하며 물기가 있는 것이 좋아요.

시금치
잎이 선명한 녹색을 띠고, 표면이 까끌까끌하면서 누런 잎이나 시든 잎이 없는 줄기를 고르는 것이 좋아요.

미나리
녹색이 선명하고 줄기가 굵지 않으며, 잎의 길이가 비슷한 것이 좋아요.

영양부추
줄기가 너무 크거나 두껍지 않은 것을 골라요. 꽃봉오리가 핀 부추는 맛이 좋지 않아요.

마
겉에 탄력이 있고 상처가 없는 것을 선택하고, 손으로 들었을 때 묵직하며 단면이 흰 것이 좋아요.

어린잎 채소
색이 선명하고 줄기가 변색되지 않은 것을 선택해요.

양상추
잎은 밝은 연두색을 띠고 윤기가 나며, 손으로 들었을 때 묵직하고 속이 꽉 찬 것이 좋아요.
뿌리 쪽에 갈색 빛이 나는 것은 피해요.

치커리
잎이 시들지 않고 연한 녹색을 띠면서 잎이 넓고 줄기가 긴 것이 좋아요.

브로콜리
봉오리가 작고 단단하며 진한 녹색을 띠어야 신선해요.

연근
표면에 흠집이 없고, 마디 사이에 상처가 없이 매끈하면서 손으로 들었을 때 묵직한 느낌이 드는 것이 좋아요.
너무 가는 것은 섬유질이 억세니 피하세요.

당근
흙이 묻은 것 중에서 색이 선명하고 단단한 것이 좋아요.

팽이버섯
순백색이나 크림색으로 갓이 작고 가지런한 것이 좋아요. 뿌리 부분이 짙은 다갈색으로 변하거나 줄기가 가는 것은 신선하지 않은 제품이에요.

양송이
갓이 너무 피지 않고 갓 주변과 자루를 결합시키는 피막이 터지지 않은 것이 좋아요.

표고버섯
중간 크기로 기둥이 짧고 탄력이 있으며 갓이 도톰하고 윤기가 나면서 안쪽 주름 부분이 하얀 것이 좋아요.
말린 표고버섯은 갓의 갈라짐이 거북이 등처럼 많고 선명한 것이 좋아요.

느타리버섯
갓의 표면이 연한 회색빛이고 갓 뒷면의 빗살무늬가 뭉그러지지 않고 선명하게 하얀빛을 띠는 것이 좋아요.

미니 새송이버섯
육질이 부드럽고 단단하며 탄력이 있고, 고유의 향기가 많이 나는 것이 좋아요.

가지
색이 선명하고 윤기가 있는 것이 좋아요.
형태가 구부러지지 않고 곧은 것을 골라요.

양파
껍질이 잘 마르고 광택이 있으며, 단단하고 무게감이 있는 것이 좋아요.

마늘
겉껍질이 단단하고 무게감이 있으며, 하얗게 부풀어 있는 것이 좋아요.

피망
색이 선명하고 꼭지가 신선하며 기형이 아닌 것을 골라요. 표면이 마르지 않고 수분이 있으면서 두껍고 씨가 적은 것이 좋아요.

파프리카
겉껍질의 색상이 선명하고 윤기가 나며, 꼭지가 신선하고 기형이 아닌 것을 골라요.
골 사이에 변색이 없는 것이 좋아요.

고추
껍질이 두껍고 윤기가 나며 반으로 갈랐을 때 씨가 적은 것이 좋아요.
껍질이 단단한 것은 매운맛이 강해요. 가을 햇살에 직접 말린 것일수록 붉은빛이 선명해요.

두부
표면이 매끄럽고 모서리가 부서지지 않아야 하며, 두부를 담가 둔 간수가 차고 깨끗해야 해요. 색깔이 뿌옇고 거품이 있거나 흔들었을 때 탁한 것은 피하세요.

달걀
껍질의 표면이 꺼칠꺼칠하고 무거운 것이 좋아요.

돼지고기
연분홍색을 띠면서 고깃결이 매끈하며, 고기의 겉에 붙은 지방이 흰색이어야 좋아요.
고기의 살을 손으로 만져 봤을 때 탄력이 있는 것을 골라요.

차돌박이
선홍색으로 윤기가 나는 것을 고르며, 육질이 단단한 것이 좋아요.

소고기
선홍색을 띠면서 근육이 섬세하고 탄력이 있으며 윤기가 나는 것이 좋아요.

닭고기
색이 선명하고 손으로 눌러보았을 때 살이 탱탱해야 해요. 또 털구멍이 솟아올라와 있는 것이나 포장 상태에서 육즙이 적은 것이 신선해요.

베이컨
선홍색을 띠는 것을 구입하는 것이 좋아요.

미역
마른 미역은 가늘고 윤기가 있으며 바짝 마른 것이 좋아요.
물미역은 색이 선명하고 윤기와 탄력이 있으며, 비린내가 나지 않고 끝 부분이 노랗게 변하지 않은 것을 골라요.

새우
몸이 투명하고 윤기가 나면서 껍질이 단단한 것이 좋아요.

잔멸치
먹었을 때 단맛이 나면서 색이 희고 맑은 기운이 도는 것이 좋아요.

홍합
속살이 통통하고 익혔을 때 입을 벌리는 것이 좋아요.
신선한 홍합은 홍합끼리 부딪치는 소리가 맑고 선명해요.

주꾸미
악취가 나지 않고 표면이 끈적거리지 않으며, 다리의 빨판이 뚜렷한 것이 좋아요.

배
동그랗고 배 고유의 점무늬가 크며 꽃자리가 납작한 것이 좋아요.
껍질이 얇고 수분이 많으며 상큼한 향이 나는 것이 당도가 좋아요.

자두
껍질의 색이 선명하고 빨간 것이 당도가 높으며, 껍질이 윤기 나고 단단한 것이 좋아요.

바나나
표면에 광택이 있고 단단하면서 꼭지가 무르지 않은 것을 골라요. 바나나 껍질에 검은 점들기 올라온 것이 좋아요.

토마토
동그스름하고 살이 탱탱하며, 껍질의 색이 선명하고 빨갛게 익은 것이 좋아요.
꼭지가 단단하고 시들지 않은 것을 고르세요.

방울토마토
과실의 크기가 적당하면서 겉이 무르지 않고 단단한 것이 좋아요.
껍질은 선명한 붉은색을 띠고 꼭지가 신선한 것을 골라요.

참외
껍질의 색이 선명하고 밝은 노란색을 띠며 표면의 골이 깊을수록 좋아요.

곶감
나무 꼬치에 꿰놓은 부분을 잘 살펴보았을 때 곰팡이가 없이 깨끗한 것이 좋아요.
색이 아주 검거나 지나치게 무른 것, 딱딱한 것은 좋지 않아요.

블루베리
색이 선명하고 매끈하며 하얀 과분이 균일하게 묻어 있는 것이 좋아요.
붉은빛이 돌면 아직 덜 익은 것이고, 탄력이 없고 물기가 많은 것은 너무 많이 익은 것이니 피해요.

레몬
말랑말랑하고 향이 좋으며 표면에 광택이 있고 손으로 들었을 때 묵직하게 무게감이 있는 것이 좋아요.

참외
껍질의 색이 선명하고 밝은 노란색을 띠며 표면의 골이 깊을수록 좋아요.

수박
껍질의 색이 선명하고, 무늬가 규칙적이며, 상처가 적은 것이 좋아요. 수박 꼭지의 모양은 가지런한 T자 모양으로 잔털이 적어야 해요. 꼭지 반대편인 수박의 배꼽이 작으면 작을수록 껍질이 얇고 당도가 높아요.

살구
색이 고루 퍼져 있으면서 껍질에 상처가 없는 것이 좋아요.

파인애플
잎이 작고 단단한 것이 좋아요. 껍질 색의 1/3 정도가 녹색에서 노란색으로 바뀌고 있으며, 잘 익었을 때 달콤한 향이 나는 것이 맛있어요.

꿀
담황색으로 색이 균일하고 부드러운 단맛이 나며, 겨울철에도 결정이 생기지 않는 것이 좋아요.

계핏가루
자홍색으로 향기가 강한 것을 선택해요.

Dry food recipe
조리 도구 준비하기

조리할 때 필요한 조리 도구들을 알맞게 활용하면 조금 더 쉽고 빠르게 음식을 만들 수 있어요. 조리 도구를 선택할 때는 보관하기 편리하고 부피가 크지 않으면서 성능이 뛰어난 제품을 고르세요. 여기에서는 제가 주로 사용하는 조리 도구를 소개했어요.

식품건조기

건조 음식을 만들 때 가장 중요한 역할을 하는 것이 식품건조기예요. 리큅 IR D5는 제품 내 공기의 흐름을 최적화하여 건조 효율을 높여주고, 식재료의 특성에 딱 맞게 태양광 건조와 그늘(일반) 건조를 선택할 수 있다는 점이 큰 장점입니다. 또, 세척과 관리가 쉬우면서 한층 위생적으로 사용할 수 있는 스테인리스 건조대가 적용되어 있어 편리하답니다.

리큅 IR D5 식품건조기

블랜더&믹서

블랜더나 믹서를 선택할 때는 섬유질을 얼마나 곱게 잘 가는지를 고려해서 선택하세요. 3마력 이상의 성능을 가지고 있는 고성능 블랜더나 믹서를 선택해야 입에 걸리는 것이 없을 정도로 곱게 갈 수 있어요.

리큅 RPM 블렌더

미넥스 PASTO 스테인리스 계량컵
4가지 눈금이 계량컵 하나에 모두 표시되어 있어서 사용하기 편리해요.

셀렉트 100 계량스푼
사이즈별 계량스푼이 모두 달려 있어서 한 번에 여러 가지를 계량하기 편리해요.

블랙 게르마늄 냄비
뚝배기로 한식을 조리할 때 편리해요.

헹켈 나이프
헹켈 나이프는 스테인리스 스틸로 만들어져서 칼날이 단단하고 예리하며 재료를 절단하기 좋아요.

셀렉트 100 필러
얇게 밀어서 알뜰하고 깔끔하게 사용할 수 있는 필러예요.

튀김냄비
튀김을 건져서 올릴 수 있는 튀김 망이 같이 있어서 편리해요.

하리오 타진 밥솥
어려운 냄비 밥을 쉽게 할 수 있는 편리한 밥솥이에요.

전기레인지
가스레인지는 일산화탄소 같은 유독 가스가 배출되기 때문에 전기를 이용하는 전기레인지가 건강에 좋아요.

엑스칼리버 프라이팬
코팅이 강력해서 오랜 시간 여러 가지 요리를 할 때 편리해요.

바믹스_BASIC(BAMIX MW120)
뜨거운 요리도 튀지 않게 갈아주는 안전한 핸드 블렌더예요.

참치 기름 제거기
참치 기름을 깔끔하게 제거할 수 있는 기름 제거기예요.

허브 도마 & 칼
허브를 잘게 다질 때 사용하기 편리한 허브 전용 도마와 칼이에요.

황동 직사각 팬
달걀말이를 쉽게 만들게 도와주는 팬으로 황동이기 때문에 열이 빨리 퍼지는 게 장점이에요.

화로용 스테인리스 그릴
음식을 구울 때 편하게 사용할 수 있으며, 도자기 화로와 함께 쓸 수 있는 스테인리스 그릴이에요.

스테인리스 소스 팬
소스 전용 팬으로 낭비되는 열이 없어 빠르게 요리할 수 있어요.

볼, 바트
재료를 섞거나 무칠 때 가장 많이 사용하는 도구예요. 유리나 스테인리스로 된 제품을 사용하는 것이 좋아요.

소스용 튜브
소스를 얇고 예쁘게 뿌릴 때 사용하는 소스용 튜브예요.

제이미's 조리스푼
전체가 하나의 나무로 되어 있어서 깔끔하고 위생적으로 사용할 수 있어요.

셀클루 링
요리의 모양을 잡아주는 데 편리한 링으로 음식을 담거나 디저트를 만들 때 사용해요.

포인트용 고명틀
고명을 손쉽게 만들 수 있는 장식 전용 툴이에요.

포르투갈 전통 브레드 팬
빵을 구울 때 직접 색을 보면서 굽는 정도를 조절할 수 있어 편리해요.

뚜채칼
감자칼처럼 쉽고 간단하게 채를 썰 수 있는 채칼이에요.

야채탈수기
채소의 물기를 손쉽게 제거할 수 있어서 편리해요.

티 인퓨저
차를 우릴 때 사용하면 깔끔하고 편리해요.

다용도 양파&마늘망
예쁜 색상의 망으로 마늘과 양파를 통풍이 되는 곳에서 신선하게 보관할 수 있어요.

생선 비늘 제거기
생선 비늘을 쉽게 제거할 수 있어서 깔끔하게 생선을 다듬을 수 있어요.

골드 파인트리 스쿱
쌀이나 잡곡, 밀가루를 뜰 때 좋은 코팅이 안 된 나무 스쿱이에요.

튀김 바트
식힘 망과 분리되는 튀김 바트로 사용하기에 편리하고 오븐에서도 사용할 수 있어요.

다용도 롤 거즈
찜 요리나 국물을 거를 때, 재료의 물기를 짜낼 때 등 두루두루 사용하는 편한 도구예요.

스테인리스 집게
뜨거운 요리~샐러드에 이르기까지 다양한 요리를 덜어낼 때 사용해요.

Dry food recipe
천연 조미료 만들기

 북어 무 조미료

재료 : 말린 무 200g, 북어 150g, 다시마 100g

만드는 법
말린 재료들과 소금을 믹서에 곱게 간다.

해산물 조미료

재료 : 말린 홍합살 200g, 말린 표고버섯 6장,
　　　마른 새우 150g, 멸치 100g

만드는 법
말린 재료들과 소금을 믹서에 곱게 간다.

 채소 조미료

재료 : 말린 당근 200g, 말린 양파 200g, 말린 대파 150g,
　　　말린 셀러리 30g

만드는 법
말린 재료들과 소금을 믹서에 곱게 간다.

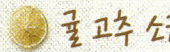
천연 소금 만들기

귤 고추 소금

재료 : 말린 귤 껍질 200g, 말린 청양고추 100g, 소금 500g

만드는 법
1. 말린 재료들과 소금을 믹서에 곱게 간다.
2. 1을 프라이팬에 보슬보슬하게 볶아 수분을 날린다.

라임 민트 소금

재료 : 말린 라임 200g, 말린 민트 잎 100g, 소금 500g

만드는 법
1. 말린 재료들과 소금을 믹서에 곱게 간다.
2. 1을 프라이팬에 보슬보슬하게 볶아 수분을 날린다.

레몬 소금

재료 : 말린 레몬청 200g, 소금 500g

만드는 법
1. 말린 레몬청과 소금을 믹서에 곱게 간다.
2. 1을 프라이팬에 보슬보슬하게 볶아 수분을 날린다.

라벤더 소금

재료 : 말린 라벤더 잎 200g, 소금 500g

만드는 법
1. 말린 라벤더 잎과 소금을 믹서에 곱게 간다.
2. 1을 프라이팬에 보슬보슬하게 볶아 수분을 날린다.

멸치 가츠오부시 육수

재료 : 멸치 15g, 다시마(3cm) 2장, 가츠오부시 30g, 물 6컵

만드는 법
1. 분량의 재료를 넣고 끓인다.
2. 재료들은 걸러내고 식힌다.

 ### 들깨 육수

재료 : 들깻가루 2컵, 다진 마늘 1큰술, 다진 파 1작은술, 쿨 7컵

만드는 법
분량의 재료를 모두 넣고 끓인다.

대구뼈 육수

재료 : 대구뼈 100g, 다시마(5X5cm) 1장, 양파 1/4개, 대파(흰 부분) 1/2개, 통후추 5알, 화이트와인 2큰술, 물 8컵

만드는 법
1. 분량의 재료를 넣고 끓인다.
2. 재료들은 걸러내고 식힌다.

 ### 다시마 무 육수

재료 : 무 200g, 다시마(10X10cm) 1장, 건고추 1개, 통후추 5알, 물 8컵

만드는 법
1. 분량의 재료를 넣고 끓인다.
2. 재료들은 걸러내고 식힌다.

 ### 디포리 무 육수

재료 : 디포리 20g, 무 300g, 대파 1/4개, 건고추 1개, 물 6컵

만드는 법
1. 분량의 재료를 넣고 끓인다.
2. 재료들은 걸러내고 식힌다.

 ### 다시마 육수

재료 : 다시마 5X5cm) 1장, 물 5컵

만드는 법
물에 다시마를 넣고 24시간 정도 우린다.

Dry food recipe
식재료 계량하기

정확한 계량 방법만 알고 있다면 레시피를 따라서 조리하는 것이 훨씬 쉬워요. 만약에 집에 계량 도구들이 없다면 계량스푼은 밥숟가락으로, 계량컵은 종이컵으로 대체해서 계량해도 괜찮아요. 저울은 주방에 하나 정도 있으면 여러모로 쓸모가 많으니 준비해 두세요.

저울

조리용 저울은 시중에 많이 나와 있으니 적당한 것을 구입하면 됩니다. 다만, 일반 저울보다 전자저울을 사용하면 정확하게 계량할 수 있고, 레시피를 따라 하기가 더욱 쉬우니 전자저울을 추천해요. 또한, 전자저울은 1g 단위로 측정되는 것을 사용해야 더욱 정확하게 조리할 수 있어요.

계량스푼

계량스푼은 식재료나 계량스푼의 종류에 따라서 오차가 생길 수 있어요. 되도록 깊이가 있는 계량스푼을 사용하면 오차를 줄이는 데 도움이 돼요. 계량을 할 때는 손으로 꾹 누르거나 흔들지 않아야 하며, 액체는 약간 봉긋하게 올라오고 가루는 평평하게 깎아서 사용해야 해요. 최근에는 전자 계량스푼이 나왔기 때문에 세밀하게 계량을 해야 하는 경우에는 전자 계량스푼을 사용하면 좋아요.

* 만약 가정에 계량스푼이 없다면 밥숟가락으로 대체할 수 있습니다.

계량컵

보통 계량컵은 컵마다 그 기준이 다르게 표기되어 있어요. 우리나라의 계량컵은 대부분 200mL 기준이며 미국이나 유럽의 계량컵은 250mL, 240mL 기준인 것도 있으니 확인 후 사용하세요. 본 책에서는 200mL를 기준으로 사용했어요.

* 만약 가정에 계량컵이 없다면 종이컵으로 대체할 수 있습니다.

계량 단위

계량 단위의 연관성을 알고 있으면 조리를 하는 것이 더욱 편리해집니다. 또한, 약어가 가리키는 것이 무엇인지를 알고 있으면 레시피를 보는 것이 쉽지요.

1C (1컵), 1cc(1씨씨), 1T(1큰술), 1t(1작은술), 1L(1리터), 1mL(1밀리리터), 1g(1그램)

- 1C = 200cc = 200mL
- 1T = 3t = 15cc = 15mL
- 1t = 5cc = 5mL
- 1L = 1000mL = 1000cc = 5C

Dry food recipe
식재료 건조하는 방법

식재료를 말리는 방법에는 크게 두 가지가 있어요. 자연 건조로 말리거나 식품건조기를 이용해서 말리는 방법이지요. 자연 건조로 말리는 것과 식품건조기로 말리는 방법은 둘 다 장단점이 있어요. 그러나 도시에서는 공해 및 장소 문제 때문에 식품건조기를 사용하는 사람들이 많아지고 있어요. 식품건조기를 사용하면 식재료를 위생적으로 짧은 시간 안에 건조시킬 수 있다는 장점이 있어요. 또한, 건조 상태를 원하는 만큼 조절할 수 있기 때문에 편리하답니다.

 ### 자연 건조할 때 주의할 점

- 먼지가 내려앉지 않도록 면보나 거즈를 덮어서 말려주세요.
- 곰팡이가 피지 않도록 통풍이 잘 되는 곳에서 말려주세요.
- 말리면서 위치를 자주 바꿔주어야 고루 말릴 수 있어요.
- 각 식재료에 따라서 말리는 시간이 다르니 중간 중간 상태를 확인해주세요.
- 햇빛에 말리면 비타민D가 생성되기 때문에 햇빛을 볼 수 있도록 말리는 것이 좋아요.

식품건조기로 건조하는 방법

- 재료의 두께, 수분 함유량, 주변 환경(기후, 온도, 습드)에 따라 건조 시간이 다를 수 있어요.
- 건조기능 70℃ 기준을 했을 때 채소는 2~6시간, 과일은 4~15시간, 생선, 육류는 약 4시간 정도가 소요돼요.
- 건조기능 45℃ 기준을 했을 때 요구르트는 8시간, 청국장은 24~48시간 정도가 소요돼요.
- 온도 조절 스위치에 의해서 건조 온도를 조절할 수 있어요.
- 타이머 스위치를 조절하여 건조 시간을 설정할 수 있어요.

 ### 식품건조기로 건조할 때 주의할 점

- 무, 애호박, 표고버섯, 가지, 열매류는 얇게 썰어서 말려주세요.
- 취나물, 고구마순, 고사리, 무청 등 잎이나 줄기를 먹는 나물은 끓는 소금물에 살짝 데친 뒤 말려주세요.
- 사과는 슬라이스하여 설탕에 묻혀 건조를 하면 갈변을 막을 수 있어요.
- 키위는 말릴수록 신맛이 강해지니 설탕을 살짝 묻혀 말려주세요.

적절한 용기를 사용하세요

건조 식품은 청결하고 습기 없는 용기에 보관해야 합니다. 지퍼가 달린 비닐 백이나 열로 봉합된 요리 백이 적합하며, 백(bag)에 보관할 때는 건조된 식품을 가능한 한 꽉 채워서 넣는 것이 좋습니다. 해충을 방지하기 위하여 뚜껑이 있는 금속 캔이나 유리 항아리를 사용해도 좋습니다. 뚜껑이 있는 플라스틱 통도 좋지만, 밀폐가 되지 않기 때문에 가능한 밀폐가 되는 비닐 백을 사용하세요. 종이, 헝겊, 빵 봉지 또는 뚜껑이 없는 용기는 되도록 사용하지 않는 게 좋습니다.

알맞은 장소에 보관하세요

음식을 신선하게 보관하려면 시원하고, 어둡고, 건조한 곳에 보관해야 합니다. 그래야 재료의 품질을 오래도록 유지할 수 있어요. 창문 근처의 선반에 음식을 보관하려면 빛을 막아주는 것이 좋습니다. 그래서 유리 항아리 혹은 플라스틱 용기를 사용하기보다는 종이 백이나 밀폐된 통에 넣어서 보관하는 것이 좋습니다. 빛이 들지 않는 창고나 벽장 속은 습할 수 있으니 주의하세요. 또한, 바니시나 페인트, 가솔린과 같은 강한 냄새가 나는 물질들 근처에 건조된 음식을 보관하면 음식의 향이 변할 수 있으니 조심해야 합니다.

보관 기간을 지켜 주세요

건조된 음식과 채소는 1년 이상 보관하지 않도록 주의합니다. 건조된 육류, 생선, 조개류 등은 한두 달 내에 사용하는 것이 좋습니다. 건조된 음식물은 포장 용기나 봉투에 건조시킨 날짜를 꼼꼼히 표시하세요. 그래서 되도록 먼저 건조된 것을 우선 사용하는 것이 좋습니다. 또한, 주기적으로 건조된 음식이 상하지 않았는지 확인해 보는 것도 중요합니다.
건조된 음식물이 포장되기 이전보다 축축하다면 용기 속에 습기가 스며들고 있는 것이니, 다시 건조시켜 완전히 밀폐되는 용기에 다시 포장하는 것이 좋아요. 또한, 음식물이 처음에 적절히 건조되지 않았으면 곰팡이가 생길 수 있으니 주의하세요.

Dry food recipe
식품건조기 똑똑하게 활용하기

식품건조기를 잘만 활용하면 아주 편리하고 쉽게 건강한 식재료를 만들 수 있어요. 단순히 과일이나 채소만 말리기도다 다양하게 활용해서 청국장, 고춧가루, 요구르트 등을 집에서 직접 만들어보세요.

🌶 식품건조기로 고춧가루 만들기

홍고추를 깨끗하게 말려서 건고추를 만들고, 건고추로 고춧가루를 만들어보세요.

재료 : 홍고추 4kg

만드는 법
1. 홍고추는 찬물에 깨끗하게 씻어 마른 행주로 물기를 닦는다.
2. 손질한 홍고추는 식품건조기에 넣고 70℃에서 12시간 동안 완전히 말린다.
3. 말린 홍고추는 반을 갈라서 씨를 제거한다.
4. 건고추를 믹서에 갈아 고춧가루를 만든다.

식품건조기로 청국장 만들기

식품건조기는 건조뿐만 아니라 적정한 온도와 환경을 유지하기 때문에 바실러스균이 풍부한 좋은 청국장을 만들 수 있어요.

재료 : 메주콩 500g

만드는 법
1. 메주콩은 깨끗이 씻어 6시간 이상 물에 불린다.
2. 원래 크기의 3배 정도로 불린 후, 누르면 으깨질 정도로 푹 삶는다.
3. 물기를 완전히 제거한 뒤 발효 용기에 담아 식품건조기에 넣은 후 45℃에서 24~48시간 발효한다.
4. 실 같은 진이 나오고 구수한 향이 나면 냉장 보관 후 먹는다.

식품건조기로 요구르트 만들기

떠먹는 요구르트가 액상 요구르트보다 유산균이 더 많다고 해요. 식품건조기를 이용해 떠먹는 요구르트를 만들어보세요.

재료 : 우유 1000mL, 발효 요구르트 1개(150mL) * 저지방 우유는 발효가 잘 되지 않아요.

만드는 법
1. 우유와 발효 요구르트를 섞는다.
2. 발효 용기에 2/3 정도 담는다.
3. 발효 용기 뚜껑을 닫고 식품건조기에 45℃에서 6~7시간 정도 발효한다.
4. 완성된 후 냉장고에 차게 보관하면 더욱 탱글탱글해진다.

DRY FOOD RECIPES
귤밥
❀ 냄비밥 ❀

귤은 건조해서 보관하기 가장 좋은 식재료예요. 귤밥에는 말린 귤과 귤 주스가 들어가기 때문에 귤의 풍부한 향을 즐기면서 상큼하게 먹을 수 있어요. 완성된 밥의 색이 예쁘고 화려하기 때문에 아이들이 좋아하지요.

재료 불린 쌀 2컵, 귤 10개, 밤 7알, 물 1/2컵

 **만들기**

1. 귤 2개를 물에 잘 씻어 0.5cm 두께로 썰어서 건조한다.
   건조기능 70°C에서 2시간
2. 껍질을 제거한 귤 8개와 물을 넣고 믹서에 간다.
3. 냄비에 불린 쌀, 말린 귤, 밤 그리고 **2**의 귤 주스 2컵을 넣고 밥을 짓는다.

1. 귤은 껍질이 얇고 단단하며 크기에 비해 무거운 것이 과즙이 많아요.
2. 귤은 식초를 넣은 물에 살짝 넣었다 빼서 소다나 소금으로 문질러 닦아요.
3. 기호에 따라 귤을 말리는 시간을 조절하세요. 4~6시간 이상 말리면 칩으로 활용할 수 있어요.
4. 귤은 9~12월이 제철이므로 이 시기에 미리 말려 냉동 보관하세요.
5. 쌀은 여름에는 30분, 겨울에는 1시간 정도 불리는 게 좋아요.
6. 귤은 미리 갈아 지퍼 백에 넣어 냉동실에 보관하면 편리해요.

귤껍질은 동양에서 약재로도 200년 넘게 사용되어 온 만큼 영양이 풍부합니다. 유기농 재배, 노지 재배의 귤을 사용하여 말린다면 더없이 좋은 영양 성분의 밥을 만들 수 있습니다.
귤에는 유기산이 풍부하여 위산 분비를 촉진해 입맛도 돋우고 소화도 도와줍니다. 귤을 말리면 식이섬유가 닳아져 장내 수분 조절, 변비, 설사에 좋으며 독소 배출에도 효과적이랍니다.
귤껍질만 잘 말려 굵은 소금과 섞어서 고기를 구울 때 사용하면 기름을 제거해주고 누린내를 잡는 데도 도움이 됩니다. 이를 생선을 구울 때 사용하면 비린내도 잡아주며 식감이 더욱 좋아집니다.

DRY FOOD RECIPES
늙은호박 현미밥
❋ 솥밥 ❋

크기가 큰 늙은호박은 미리 손질한 후 말려서 사용하면 보관하기도 좋고 쉽게 음식을 만들 수 있어요. 늙은호박 특유의 부드러운 단맛이 밥맛을 좋게 해주는 효과가 있어요. 또한, 다양한 곡물을 혼합하여 사용했기 때문에 구수하게 씹히는 맛을 즐길 수 있어요.

재료 불린 현미 2/3컵, 불린 쌀 1과 1/3컵, 불린 팥 1/4컵, 늙은호박 400g, 물 2컵

 만들기

1. 늙은호박은 껍질과 씨를 제거하고 0.5cm 두께르 썰어서 건조한다.
   - 건조기능 70℃에서 4시간
2. 압력솥에 불린 현미와 불린 쌀, 불린 팥, 건조한 늙은호박을 넣은 뒤 물을 붓고 밥을 짓는다.

1. 늙은호박은 크기가 크며, 윤기가 있고 담황색을 띤 것이 좋아요.
2. 늙은호박은 포만감을 들기 해 다이어트에 도움이 돼요.
3. 늙은호박은 물기가 많으면 쉽게 상하기 때문에 건조해서 보관하는 게 좋아요.
4. 현미에는 식이섬우가 풍부해 변비를 예방해줘요.

늙은호박은 칼륨, 레시틴, 비타민A, 비타민C, 비타민E, 항산화 성분, 식이섬유가 풍부하고 홑량이 늪지 않은 식품으로 다이어트와 피부 미용에 좋습니다. 또한, 늙은호박에 들어 엤는 베타카로틴은 호흡기 점막의 면역력을 높여서 감기나 독감으 발생을 줄여주고, 탈모 예방에도 좋으며 피부를 촉촉하고 탄력 있게 해주는 성분으로 말렸을 때 그 효과가 더 커집니다.

DRY FOOD RECIPES
삼치 유자밥
❁ 냄비밥 ❁

건조해서 냉동한 생선은 비린내도 적게 나고 색다른 식감이 나요. 이런 건조 생선에 유자를 사용하면 생선의 비린 맛을 잡아주는 효과가 더욱 크답니다. 생선을 올려서 밥을 지으면 비릴까 봐 걱정을 많이 하는데 그런 염려 없이 먹기 좋은 밥이에요.

재료
불린 쌀 2컵, 삼치 1/2마리, 유자청 1큰술, 물 2컵, 참기름 1작은술, 청주 1큰술, 다진 생강 1/4작은술, 레몬 슬라이스 2쪽, 쪽파 2줄기, 소금 약간, 후추 약간

소스 재료 (유자 부추 피쉬소스)
피쉬소스 3큰술, 물 2큰술, 다진 유자청 1과 1/2큰술, 송송 썬 영양부추 5g, 식초 1/2큰술, 다진 양파 1작은술, 다진 홍고추 1작은술

 만들기

1. 삼치는 손질하고 포를 뜬 후, 물기를 제거하고 청주와 소금, 후추로 밑간을 한 후에 건조한다.
   건조기능 70℃에서 7시간
2. 유자청, 참기름, 다진 생강을 함께 섞는다.
3. 냄비에 쌀과 건조한 삼치 그리고 2와 물을 붓고 밥을 짓는다.
4. 분량의 소스 재료를 섞어 유자 부추 피쉬소스를 만든다.
5. 완성된 밥에 송송 썬 쪽파와 레몬 슬라이스를 올리고 4의 소스를 곁들인다.

 **HANNAH'S TIP**

1. 삼치는 크기가 40cm 이상 되는 것이 맛이 좋아요.
2. 삼치 손질법 : 머리와 꼬리를 자르고, 배에 칼집을 넣어 내장, 피, 불순물 등을 제거해요. 물에 깨끗이 씻어 포를 뜨고, 뼈와 잔가시를 제거해요.
3. 겨울이 제철인 유자는 단단하고 껍질이 울퉁불퉁하고, 상처가 없는 것이 좋아요. 또, 향과 색이 짙은 것을 고르세요.
4. 유자는 레몬보다 비타민C의 함량이 3배나 높기 때문에 설탕이나 꿀에 재워 유자청을 만들거나 각종 요리에 사용하면 피부 미용이나 겨울철 감기 예방에 좋아요.

 **DOCTOR'S TIP**

생선을 말리면 단백질이 감칠맛을 내는 성분인 아미노산으로 변합니다. 그래서 말린 삼치는 수분이 빠져나가고 아미노산이 풍부해지며 쫄깃해져 풍미가 깊어집니다.
삼치는 등푸른생선으로 두뇌 건강과 혈관에 좋은 오메가3지방산이 풍부하여 노화 방지, 두뇌 발달, 치매 예방, 심혈관 질환과 성인병 예방에 좋습니다. 또한, 비타민D가 풍부하여 성장과 골밀도에도 좋은 식품입니다. 등푸른생선 중에는 지방이 적은 편이라 담백하고 고소하며 비린 맛이 덜하지만, 밥을 할 경우 다소 비린 맛이 느껴질 수 있습니다. 여기에 유기산과 비타민C가 풍부한 유자즙을 넣어 비린 맛을 잡아주면 맛과 영양이 더욱 풍부해집니다.

Dry food recipes
도라지 생강밥
❊ 냄비밥 ❊

말린 도라지는 감칠맛이 좋고 특유의 향이 입맛을 돋아주는 효과가 있어요. 맛에 재미를 더하기 위해 생강을 사용했는데 생강이 들어가면 맛이 더욱 풍부해지고 생강 특유의 향으로 인해 색다른 밥이 완성돼요.

재료
불린 쌀 2컵, 도라지 7개, 생강 1/4쪽, 물 2컵, 영양부추 2줄기, 다진 땅콩 1큰술, 소금 약간

양념장 재료 (배즙 간장 양념장)
갈은 배 1/4개, 간장 2큰술, 꿀 1/2작은술, 다진 마늘 1작은술, 참기름 1큰술, 식초 1작은술

 만들기

1. 도라지는 껍질을 벗긴 뒤, 소금물에 담가 쓴맛을 제거하고 건조한다.
   건조기능 60℃에서 4시간
2. 생강은 다진 후, 물과 섞어 생강 물을 만든다.
3. 냄비에 불린 쌀과 건조한 도라지, 2의 생강 물을 넣고 밥을 짓는다.
4. 분량의 양념장 재료를 섞어서 배즙 간장 양념장을 만든다.
5. 완성된 밥에 송송 썬 영양부추와 다진 땅콩을 올린 후 4의 양념장을 곁들인다.

 **HANNAH'S TIP**

1. 도라지는 잔뿌리가 많고 원뿌리로 갈라진 것이 좋아요.
2. 도라지는 소금을 이용해서 손질하면 쓴맛을 줄일 수 있어요.
3. 생강은 색이 짙고 모양이 크며, 울퉁불퉁하고 향이 진한 것을 고르세요.
4. 도라지와 생강은 기관지에 효능이 뛰어나므로 꿀과 함께 끓여 차로 마시면 좋아요.

 **DOCTOR'S TIP**

도라지와 생강은 오래전부터 약재로 사용할 만큼 효능이 좋은 식재료입니다. 특히 도라지는 인삼과 생김새와 효능이 서로 비슷합니다. 도라지에도 인삼에 들어 있는 사포닌이 있어 기관지 점막의 기능을 강화하고 가래를 줄여 호흡기 기능을 강화시키고 항염증, 소화 기능 개선, 면역력 증진, 순환 개선에 도움을 줍니다.
생강의 진저롤 성분은 신진대사를 개선하고 혈액 순환을 촉진, 혈압을 안정시키며, 진통소염 작용, 콜레스테롤 배출, 면역력 증진에 도움을 줍니다. 두 식품을 말리면 이러한 성분의 흡량이 높아져 면역력을 높이고 독소를 배출하는 데 효과적인 음식이 된답니다.

DRY FOOD RECIPES
연근밥
❋ 냄비밥 ❋

건조된 연근을 밥에 넣으면 씹는 즐거움을 느낄 수 있어요. 또한, 밥을 지을 때 넣으면 수분이 공급되어서 연근 특유의 질감이 살아 있어요. 다시마 육수를 이용해 밥을 짓기 때문에 감칠맛과 풍미가 더욱 훌륭한 연근밥에 양념장을 곁들여보세요.

재료

불린 쌀 2컵, 연근 100g, 다시마(5X5cm) 1장, 물 7컵

양념장 재료 (호두 고추 양념장)
다진 호두 3큰술, 고추장 2큰술, 매실청 1큰술, 들깻가루 1작은술, 들기름 1큰술, 설탕 1작은술, 다진 양파 1작은술, 다진 마늘 1작은술

 **만들기**

1. 연근은 껍질을 벗기고 0.5cm 두께로 썰어 물기를 제거한 후 건조한다.
   건조기능 70℃에서 5시간
2. 하루 전날 물 7컵에 다시마를 담가 두어서 다시마 육수를 준비한다.
3. 냄비에 불린 쌀, 건조한 연근, 다시마 육수 2컵을 넣고 밥을 짓는다.
4. 분량의 양념장 재료를 섞은 호두 고추 양념장을 곁들인다.

 **HANNAH'S TIP**

1. 겨울 제철 재료인 연근은 모양이 길고 굵으며, 속은 희고 부드러운 것이 좋아요.
2. 연근을 식초 물에 담근 후에 사용하면 변색을 막을 수 있고, 점액을 제거할 수 있어요.
3. 다시물이나 육수 등을 이용해서 밥을 지으면, 밥에 맛이 더해져서 특별한 양념 없이도 맛있는 밥을 만들 수 있어요.

 **DOCTOR'S TIP**

연근을 말리면 더욱 부드러워져 식감이 좋아질 뿐만 아니라 식이섬유도 풍부해져 콜레스테롤, 지방, 독소 배출에 효과적입니다. 또한, 변비나 비만을 해소하고 성인병 예방에도 도움이 됩니다.

연근에는 아스파라긴, 아르기닌, 티로신 등 아미노산이 들어 있는데, 말려서 먹으면 이러한 성분이 쉽게 소화가 되고 100g당 농도가 높아집니다. 연근을 말리면 비타민C나 뮤신과 같은 영양 성분은 줄어드나 펙틴과 같은 식이섬유, 아미노산, 탄닌, 칼륨과 미네랄 성분은 높아집니다.

DRY FOOD RECIPES
달래 팥 찹쌀밥
❋ 솥밥 ❋

봄에만 먹을 수 있는 달래를 말려서 보관하면 사시사철 언제나 향긋한 달래 향을 즐길 수 있어요. 달래 팥 찹쌀밥은 달래의 향과 견과류의 고소한 맛이 잘 어우러지는 별미 밥이에요. 입맛이 없을 때 한번 만들어보세요.

재료

불린 찹쌀 2컵, 달래 50g, 생 땅콩 1/2컵, 팥 1/2컵, 물 2컵, 소금 약간

양념장 재료 (견과류 된장 양념장)
된장 1과 1/2큰술, 진간장 1작은술, 꿀 1/2큰술, 다진 견과류 약간, 콩가루 1/2큰술, 참기름 1큰술, 송송 썬 쪽파 한줄기

 **만들기**

1. 달래를 끓는 물에 데친 후 건조한다.
   건조기능 70℃에서 6시간
2. 팥은 물에 불린다.
3. 압력솥에 불린 찹쌀, 불린 팥, 생 땅콩, 말린 달래와 소금 약간을 넣고 물을 부어 밥을 짓는다.
4. 분량의 양념장 재료를 섞은 견과류 된장 양념장을 곁들인다.

1. 달래는 줄기가 마르지 않고 알뿌리가 굵은 것이 좋아요.
2. 사용하고 남은 달래는 신문지에 싸서 냉장 보관하세요.
3. 달래는 흐르는 물에 흔들어서 씻으면 흙을 깔끔하게 제거할 수 있어요.
4. 색이 선명하고 물에 뜨지 않는 팥이 좋아요.
5. 팥은 습기가 없고 바람이 잘 통하는 곳에 보관하세요.

팥에는 단백질과 비타민B1, 비타민B2, 비타민E가 들어 있고, 소량의 나트륨과 식이섬유, 인, 철분, 칼륨 등의 다양한 영양소를 지니고 있습니다. 특히 노폐물, 독소 등을 배출하는 해독 역할을 하며 신진대사를 활발하게 해줍니다. 또한, 팥에 들어 있는 사프닌 성분은 피로 회복과 에너지 증진을 하여 기운을 돋워줍니다. 팥에는 식이섬유가 풍부하여 위장 운동을 돕고 배변 활동을 촉진하며 포만감을 주어 다이어트에도 좋습니다.

DRY FOOD RECIPES
봄나물 모둠 버섯밥
❋ 솥밥 ❋

다양한 버섯을 한꺼번에 즐길 수 있는 봄나물 모둠 버섯밥은 버섯의 풍미를 즐기며 다양한 채소를 섭취할 수 있는 영양 만점 음식이랍니다. 계절이나 기호에 따라 채소를 바꿔서 사용해도 좋아요.

재료

불린 쌀 1컵, 불린 흑미 1컵, 표고버섯 1개, 새송이버섯 1/2개, 느타리버섯 1/2줌, 팽이버섯 1줌, 돗나물 1줌, 참나물 1/2줌, 쑥 1/2줌, 물 2컵

양념장 재료 (청양고추 오리엔탈 양념장)
간장 2큰술, 참기름 1큰술, 다진 양파 1큰술, 다진 마늘 1큰술, 다진 청양고추 1큰술, 발사믹 식초 1큰술, 다진 홍고추 1큰술

 만들기

1. 새송이버섯, 느타리버섯, 팽이버섯, 표고버섯은 모두 건조한다.
   건조기능 70℃에서 6시간
2. 솥에 불린 쌀과 불린 흑미, 건조한 버섯, 물을 붓고 밥을 짓는다.
3. 참나물은 5cm 길이로 썰고, 돗나물과 쑥은 씻어서 준비한다.
4. 완성된 밥에 3의 참나물, 돗나물, 쑥을 올린 후 양념장을 곁들인다.
5. 분량의 양념장 재료를 섞어서 청양고추 오리엔탈 양념장을 만든다.

 **HANNAH'S TIP**

1. 버섯은 물로 씻지 않고 솔로 먼지만 털어내고 사용해도 좋아요.
2. 나물 종류는 미리 데치거나 삶은 후에 얼려서 보관하세요.
3. 나물은 서늘하고 바람이 잘 통하는 곳에 신문지로 싸서 보관하던 오래 보관할 수 있어요.
4. 말린 식재료로 밥을 지으면 다시 수분을 머금어서 부드러워져요

 **DOCTOR'S TIP**

표고버섯에는 세로토닌 합성에 중요한 역할을 하는 비타민B6가 들어 있어 정신 건강에 도움을 주며, 에너지 대사의 조효소인 판토텐산도 들어 있어 활력을 주는 식품입니다. 표고버섯을 말리면 엽산은 7배, 비타민D는 8.5배, 단백질은 10배, 비타민B6는 3.5배 증가합니다. 표고버섯 속의 구아닐산은 감칠맛과 짠맛을 내는 역할을 하여 조미료의 사용을 줄이는 역할을 합니다. 느타리버섯은 베타글루칸과 키틴질이 풍부하여 항암 효과가 높습니다. 에너지 대사를 돕는 비타민B1, 비타민B2, 판토텐산이 버섯류 중에서도 특히 많아서 심신이 피곤하고 식욕 부진, 권태감이 있는 경우에 효과적입니다.

DRY FOOD RECIPES
말린 무청밥
❋ 솥밥 ❋

말린 무청으로 밥을 하면 산나물 밥을 먹는 것과 비슷한 맛이 나요. 또한, 건강에 좋은 산마를 넣어 더욱 영양이 풍부한 요리가 되었어요. 질기지 않은 무청을 만들려면 압력솥으로 밥을 짓는 것도 방법이에요.

재료

쌀 2컵, 산마 100g, 무청 100g, 물 2컵, 국간장 1작은술, 들기름 1큰술, 식초 약간

 **만들기**

1. 무청은 끓는 물에 삶아 흐르는 물로 헹군 후에 건조한다.
   - 건조기능 70℃에서 7~9시간
2. 산마는 껍질을 벗겨 식초 물에 담근 후 1cm 크기의 주사위 모양으로 썬다.
3. 솥에 쌀, 국간장 1작은술, 들기름 1큰술, 무청, 산마를 올리고 물을 부어 밥을 짓는다.

 **HANNAH'S TIP**

1. 말린 무청은 푸르스름한 색을 띠는데, 통풍이 잘되는 곳에서 말린 것이 영양이 더욱 풍부해요.
2. 말린 무청은 푹 삶은 뒤에 그대로 식혀서 여러 번 헹궈야 냄새가 없고, 부드러우며 구수한 식감이 살아나요. 또, 무청 특유의 향은 들기름을 넣으면 잡을 수 있어요.
3. 마의 뿌리는 뭉툭하지만, 산마는 길고 가늘며 단단해요.
4. 마는 굵기가 굵고 묵직하며, 겉에 상처가 없고 단면이 흰 것이 좋아요.
5. 껍질을 벗긴 마는 식초 물에 담갔다가 사용하면 갈변을 방지할 수 있고, 특유의 진득거림을 줄일 수 있어요.

 **DOCTOR'S TIP**

무청 말린 것을 '시래기'라고도 합니다. 무청에는 비타민과 미네랄, 식이섬유가 가득 들어 있어 포만감을 주고 비만을 예방하며 혈당이 높아지는 것을 막아줍니다. 면역을 담당하는 세포의 70%가 장에 있기 때문에 적절한 식이섬유 섭취는 면역력 증강, 독소 배출을 위해 중요합니다. 특히, 말린 무청은 말리는 과정에서 식이섬유가 10배 이상 증가합니다. 또한, 항암 성분인 글루코시놀레이트 함량이 높아 유방암, 전립선암, 대장암 예방에도 좋습니다.

DRY FOOD RECIPES
굴비 녹차밥
❀ 냄비밥 ❀

녹차는 굴비의 비린 향을 잡아주는 효과가 있어서 굴비 밥에 녹차를 넣어봤어요. 취향에 따라 간장을 베이스로 한 양념장을 곁들이는 것도 좋아요. 반찬으로 먹기에도 좋은 굴비를 이용해 밥을 지으면 색다른 맛을 즐길 수 있어요.

재료

불린 쌀 2컵, 굴비 2마리, 녹차잎 20g, 물 3컵, 천연 후리가케 1큰술

1. 갓 지은 밥에 녹차 물을 붓고 기호에 따라 얼음을 넣어 시원하게 먹어도 좋아요.
2. 굴비는 얼어 있는 상태에서 포를 뜨면 쉽게 손질할 수 있어요.
3. 녹차는 4월 중순에서 5월 초순 사이에 수확한 세작과 5월 초순에서 6월 중순 사이에 수확한 중작이 향과 맛이 뛰어나고 부드러워 녹차 밥을 만들 때 사용하기 좋아요.
4. 국내산 굴비의 지느러미는 노란색을 띠지만, 수입 굴비는 회색을 띠어요

 만들기

1. 굴비는 머리, 내장, 물기를 제거한 후 건조한다
   - 건조기능 70℃에서 6~8시간
2. 물 3컵에 녹차잎을 넣고 섞어 녹차 물을 만든다
3. 냄비에 불린 쌀, 말린 굴비, 녹차 우린 물 2컵을 부어 밥을 짓는다.
4. 완성된 밥에 천연 후리가케를 뿌린다.

조기를 말린 것이 굴비이며, 굴비는 생조기에 비해 단백질, 지방, 칼슘, 인이 풍부합니다. 굴비는 조기어 비해 비타민A가 3배 이상 들어 있습니다. 비타민A는 점막의 기능을 강화시켜서 폐를 포함한 호흡기 면역력을 높여줍니다. 또한, 시력 보호와 각막 질환 예방, 피부 노화를 막고 여드름이나 트러블을 줄이는 데 도움이 됩니다
조기를 건조시키면 비타민B군의 함량이 높아지고 철분은 약 4배 가까이, 나이아신은 약 3배 이상 많아집니다. 특히 술을 자주 마시는 사람, 피부가 거친 사람, 위장 장애, 두통이 있는 사람에게 꼭 필요한 영양소입니다.

DRY FOOD RECIPES
곰취 잡곡밥
❀ 솥밥 ❀

곰취는 쉽게 접하는 식재료가 아니니 한 번에 넉넉한 양을 구해서 미리 삶거나 데친 후 말려서 저장해두세요. 이렇게 보관한 곰취는 밥뿐만 아니라 다양한 반찬으로 활용할 수 있답니다.

재료

불린 잡곡 2컵, 곰취 2줌, 물 2컵, 국간장 1작은술, 들기름 1큰술, 소금 약간

양념장 재료 (어간장 비빔장)
다진 청·홍고추 각각 1작은술, 어간장 2큰술, 참깨 1작은술, 설탕 1/2작은술, 고춧가루 1/2작은술, 참기름 1작은술

 **만들기**

1. 곰취를 끓는 물에 데친 후 건조한다.
   건조기능 70℃에서 7시간
2. 압력솥에 불린 잡곡, 말린 곰취, 국간장 1작은술, 들기름 1큰술, 소금 약간과 물을 넣고 밥을 짓는다.
3. 분량의 양념장 재료를 섞은 어간장 티빔장을 곁들인다.

1. 크기가 크고 부드러우며 연한 녹색을 띠는 것이 좋은 곰취예요.
2. 곰취는 깊은 산속 곰이 먹는다 하여 이름 지어졌으며, '곤들비'라고도 해요.
3. 곰취는 톡 쏘는 맛이 아닌 부드럽고 쌉싸래한 맛과 은은하게 풍기는 상큼한 향이 특징이에요. 나른한 봄철 잃어버린 입맛을 돋우고 춘곤증 등 피로 회복에 좋아요.

주로 봄철에 나는 곰취는 취나물 중에서도 쌉싸래한 맛과 향이 특징입니다. 말려서 먹으면 보관이 쉽고 식이섬유와 베타카로틴, 칼륨, 칼슘의 함량도 높아지며 풍미도 좋아집니다. 식이섬유는 독소 배출에 효과적이며, 곰취에 특히 풍부한 베타카로틴은 가래를 줄이고 호흡기 점막의 젖도를 유지해주므로 환절기 감기에 좋고, 피부에 탄력을 주어 미용에도 효과적입니다.

DRY FOOD RECIPES
마늘 새우 흑미밥
❀ 냄비밥 ❀

말린 마늘을 이용해서 밥을 하면 마늘의 담백한 맛은 극대화되고 특유의 향과 알싸한 매운맛은 줄어서 별미로 즐기기에 좋아요. 또한, 새우의 단맛이 잘 어우러져서 다른 반찬 없이도 먹을 수 있지요. 흑미밥의 고유한 향이 마늘과 새우와 잘 어우러지는 요리예요.

재료

불린 쌀 1과 1/2컵, 불린 흑미쌀 1/2컵, 마늘 12쪽, 새우(중하) 6마리, 물 2컵, 청주 약간, 소금 약간, 후추 약간

양념장 재료 (레몬청 간장 양념장)

간장 3큰술, 레몬청 1큰술, 다진 파 1작은술, 다진 마늘 1작은술, 어슷썬 홍고추 1/2개, 다진 홍고추 1큰술, 참깨 1작은술, 들기름 1큰술, 꿀 2작은술

 **만들기**

1. 마늘은 흐르는 물에 씻고 물기와 꼭지를 제거한 후 건조한다.
   - 건조기능 70℃에서 4시간 건조
2. 새우는 손질해서 청주 약간, 소금, 후추를 뿌려 잡냄새를 제거한다.
3. 냄비에 불린 쌀과 불린 흑미, 건조한 마늘, 새우 물을 붓고 밥을 짓는다.
4. 분량의 양념장 재료를 섞은 레몬청 간장 양념장을 곁들인다.

1. 마늘은 3~5월이 제철인데, 겉껍질이 단단하고 묵직하며 하얗게 부푼 것이 좋아요.
2. 국산 마늘은 수염뿌리가 붙어 있고, 껍질에 붉은 빛깔이 돌아요. 수입산 마늘은 수염뿌리가 없으며, 껍질에 흰 빛깔이 돌아요.
3. 마늘을 먹은 후 우유, 녹즙 또는 재스민 차, 허브 차를 마시면 마늘 냄새를 줄일 수 있어요. 마늘을 손질하고 손에 밴 냄새는 식초 몇 방울을 떨어뜨린 후 씻으면 제거할 수 있어요.

마늘은 항암, 정력 식품으로 정평이 나 있으며 타임스지가 선정한 10대 건강식품 중 하나입니다. 혈관 내 지방 합성을 감소시키고 혈액 순환을 원활하게 해줄 뿐만 아니라 칼륨을 비롯한 미네랄과 비타민이 풍부하여 혈액 순환 촉진에도 좋습니다. 마늘은 체내에 쌓이는 콜레스테롤 수치를 낮춰주며 중성 지방을 제거하는 효능이 있어 꾸준히 섭취하면 뇌와 혈관 건강에도 도움이 됩니다.

마늘에 포함된 알리신은 피로 회복과 기력 보충에 도움을 주는 성분으로 스트레스와 집안일, 업무 등으로 피로가 많은 현대인에게 꼭 필요한 '힐링 푸드'입니다.

DRY FOOD RECIPES

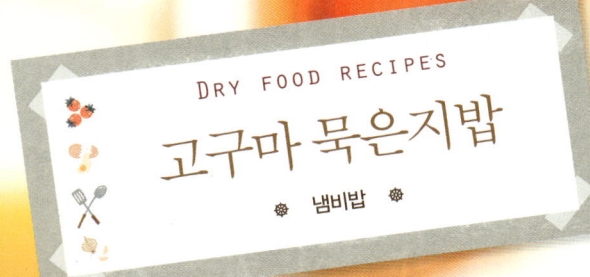

고구마 묵은지밥

냄비밥

말린 고구마의 쫀득쫀득한 질감이 살아 있어서 아이들이 좋아하는 메뉴예요. 묵은지가 들어가기 때문에 별다른 양념장이나 간이 없이도 맛있게 먹을 수 있어요. 이처럼 양념장을 사용하지 않는 밥은 육수를 사용해 짓는 것이 좋아요.

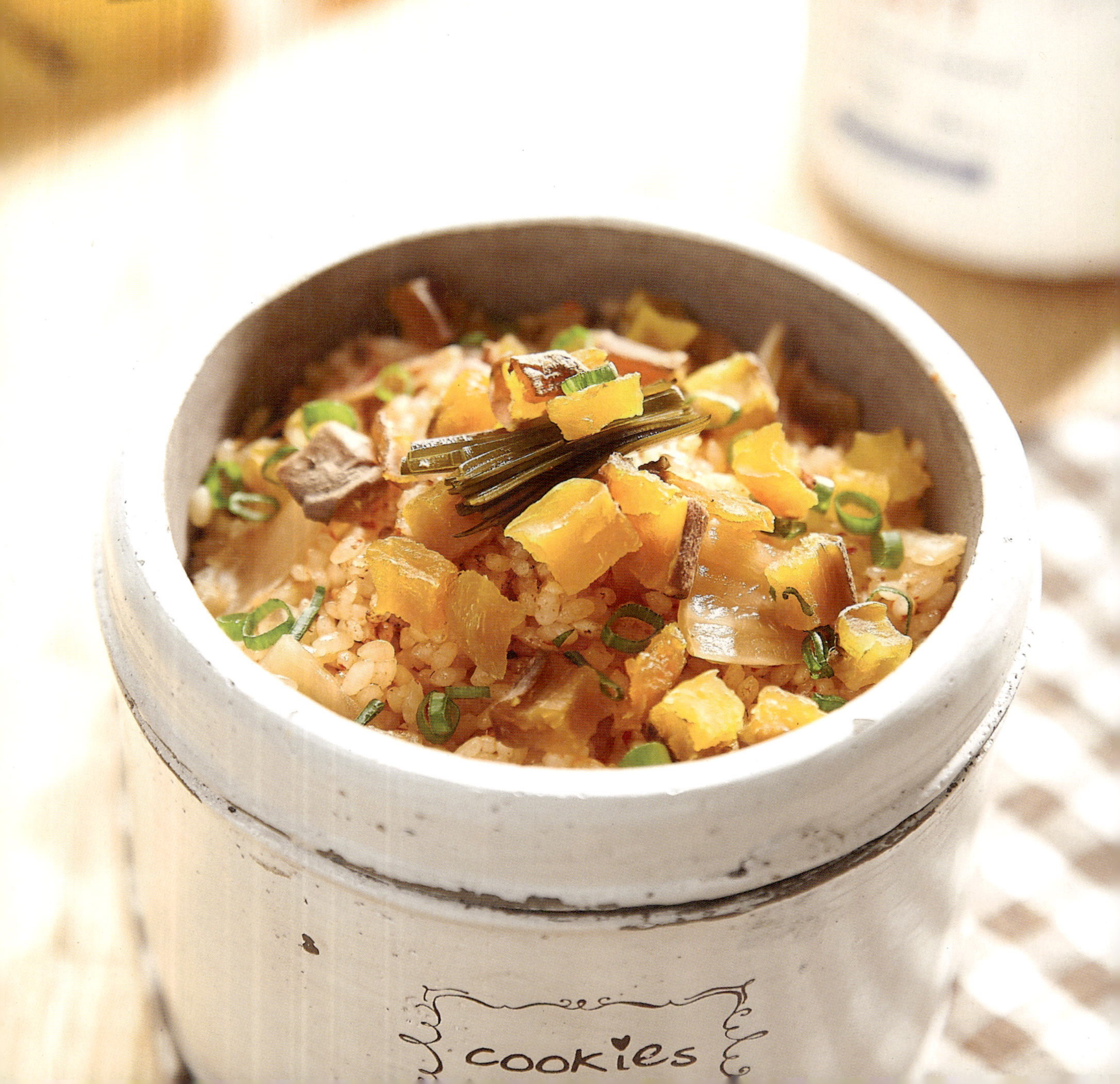

재료 불린 쌀 2컵, 호박고구마 1개, 묵은지 1/4포기, 다시마(5X5cm) 1장, 물 7컵, 김칫국물 1/3컵, 쪽파 한줄기

 만들기

1. 호박고구마는 찜기에 찐 뒤, 1cm 크기의 주사위 모양으로 썰어 건조한다.
   건조기능 70℃에서 4시간
2. 묵은지는 적당한 크기로 썬다.
3. 하루 전날 물 7컵에 다시마를 담가 두어서 다시마 육수를 준비한다.
4. 냄비에 들기름을 두르고 다진 마늘, 김칫국물, 묵은지, 건조한 호박고구마를 넣고 볶는다.
5. 4에 불린 쌀, 다시마 육수 2컵을 붓고 밥을 짓는다.
6. 완성된 밥에 송송 썬 쪽파와 채 썬 다시마를 곁들인다.

 **HANNAH'S TIP**

1. 고구마의 단맛이 싫다면 취향에 따라 감자나 단호박을 넣어보세요.
2. 김칫국물을 사용하면 별다른 양념이나 조미료 없이도 깊은 맛과 감칠맛을 낼 수 있어요.
3. 기호에 따라 묵은지를 대신해 꼬두기, 갓김치 등을 활용해도 좋아요.
4. 묵은지는 오래 숙성시킬수록 좋아요. 숙성시킬 때는 공기가 들어가지 않도록 하고 온도 변화를 주지 않는 것이 중요해요.
5. 김치를 볶을 때는 오래 볶을수록 깊은 맛이 나며, 설탕을 조금 넣어주면 신맛을 줄일 수 있어요.

 **DOCTOR'S TIP**

고구마는 칼로리가 비슷한 감자에 비해 당질 지수가 낮아 같은 양을 먹어도 혈당을 올리는 데 걸리는 시간이 오래 걸리고 포만감 유지가 잘 되어 다이어트에 좋습니다. 고구마는 탄수화물을 비롯해 각종 비타민과 항산화 성분인 베타카로틴이 풍부합니다. 또한, 말려서 먹으면 영양 밀도는 높아지고 식이섬유 함량이 훨씬 풍부해지지요. 특히 고구마 껍질에는 항산화 성분이 많은데, 껍질까지 함께 말려 먹으면 보다 풍부한 영양을 섭취할 수 있습니다. 고구마는 말리거나 익혀도 영양분의 파괴가 적습니다. 단, 고구마를 말리면 칼로리가 높아지므로 너무 많이 먹지 않도록 주의합니다.

DRY FOOD RECIPES
세발나물 표고 영양밥
❊ 솥밥 ❊

영양밥에 세발나물과 말린 표고버섯이 들어간 색다른 영양밥이에요. 또한 대추, 밤, 은행이 들어가기 때문에 단맛과 고소한 맛을 풍부하게 느낄 수 있어요. 양념장은 간장이 베이스가 되는 양념장을 사용해야 깔끔한 맛을 낼 수 있어요. 칼칼한 맛을 원하면 청양고추를 사용하세요.

재료

불린 쌀 1과 1/2컵, 불린 찹쌀 1/2컵, 세발나물 100g, 표고버섯 2개, 물 2컵, 대추·밤·은행 각각 5알, 수삼 1개, 소금 약간

양념장 재료 (유자청 양념장)
진간장 2큰술, 다진 유자청 1큰술, 물 2큰술, 참기름 1큰술, 참깨 1작은술, 다진 양파 1큰술, 다진 파 1큰술, 다진 홍고추 1큰술

 **만들기**

1. 표고버섯은 기둥을 제거하고 4등분 한 뒤 건조한다.
   건조기능 60℃에서 7시간
2. 대추, 밤은 깨끗이 씻고 은행은 껍질을 제거하고, 수삼은 반으로 갈라 준비한다.
3. 압력솥에 불린 쌀, 불린 찹쌀, 건조한 표고버섯, 2와 세발나물, 소금, 물을 넣고 밥을 짓는다.
4. 분량의 양념장 재료를 섞은 유자청 양념장을 곁들인다.

 **HANNAH'S TIP**

1. 세발나물은 전라남도 신안과 진도 등지 갯벌의 염분을 먹고 자라는 나물로 '갯나물'이라고도 불려요. 이른 봄에 캐서 나물로 많이 먹는데, 해동을 맞아 짭조름한 맛이 있어 싱겁게 무쳐 먹거나 특별히 간을 하지 않고 먹어요.
2. 세발나물은 뿌리째 캐기 대문에 깨끗이 씻어야 해요. 흐르는 물에 씻으면 상처가 나서 풋내가 날 수 있으니, 깨끗한 물을 받아놓고 흔들어 씻으세요.
3. 손질하고 남은 채소를 끓인 물로 밥을 지으면 밥맛을 좋게 할 수 있어요.
4. 표고버섯을 손질할 때는 갓 안쪽이 손상되지 않도록 흐르는 물이 가볍게 씻어요.

 **DOCTOR'S TIP**

세발나물은 갯벌에서 염분을 먹고 자라는 식물로 부추와 비슷하게 생겼습니다. 아삭거리는 맛이 좋으며 말렸을 때 쫄깃한 식감을 즐길 수 있습니다. 세발나물은 다른 채소이 비해 높은 영양 성분을 가지고 있는데, 칼슘과 인, 칼륨, 나트륨, 마그네슘, 철분 등 미네랄 함량이 다른 채소에 비해 10배 이상 높은 영양 만점 채소입니다. 세발나물과 함께 표고버섯을 섭취하면 항암, 미용과 면역력 증진에 더없이 좋습니다.

DRY FOOD RECIPES
관자 아스파라거스밥
❋ 냄비밥 ❋

관자를 말리면 그 쫄깃함이 더욱 극대화돼요. 아스파라거스와 관자가 만나서 아삭거리는 질감과 쫄깃함을 동시에 느낄 수 있는 요리예요. 화이트와인이 들어간 양념장은 관자의 비린내를 잡아주는 역할을 하지요.

재료

불린 쌀 1컵, 관자(중간 크기) 5개, 아스파라거스 3개, 물 2컵, 레몬 1/2개, 소금 약간

양념장 재료 (레몬 화이트와인 양념장)

화이트와인 1작은술, 3cm 길이로 썬 부추 5g, 레몬즙 3큰술, 꿀 2큰술, 간장 1과 1/2큰술, 올리브유 3큰술, 빨간 파프리카 1/8개, 소금 약간, 후추 약간

 **만들기**

1. 관자를 씻어 피막과 물기를 제거한 후 3등분 하여 건조한다.
   - 건조기능 70℃에서 5시간
2. 아스파라거스는 껍질을 제거한 후 5cm 길이로 자르고, 레몬은 슬라이스한다.
3. 냄비에 불린 쌀, 건조한 관자, 아스파라거스, 레몬, 소금을 넣고 물을 넣어 밥을 짓는다.
4. 분량의 양념장 재료를 섞은 레몬 화이트와인 양념장을 곁들인다.

1. 12~4월이 제철인 관자는 투명하고 탄력 있으며 도톰한 것이 좋아요.
2. 관자는 흐르는 물에 헹구고, 관자의 아랫부분과 피막은 질기니 제거해주세요. 관자를 너무 익히면 질겨지니 주의하세요.
3. 레몬과 함께 관자를 조리하면 비린 맛과 잡내를 잡을 수 있고, 관자에 부족한 비타민C를 보충할 수 있어요.
4. 아스파라거스는 끝과 봉오리 부분이 가장 맛있어요. 과도를 이용해 아래 부분의 껍질을 벗기고, 가장 질긴 아래쪽 끝의 3~5cm 정도는 잘라 버리고 사용하세요.

관자는 어패류의 살과 껍질을 연결하는 성분으로 지방은 적고 단백질은 풍부하여 피로 회복과 다이어트에 좋은 식품입니다. 관자를 말리면 식감이 쫄깃해지고 단백질과 철분 등 영양 성분이 매우 높아집니다. 관자와 같은 어패류에는 몸에 좋은 필수지방산인 EPA와 DHA가 풍부하여 혈관을 건강하게 하고, 노화를 막아줍니다. 또한, 관자에 많이 들어 있는 타우린 성분은 혈압을 안정시키며 심장의 수축 능력을 증진시켜주는 효능이 있습니다. 그리고 담즙산 분비를 원활하게 하여 간세포의 재생과 콜레스테롤 배출을 돕습니다.

DRY FOOD RECIPES
옥수수 시금치 현미밥
* 솥밥 *

시금치와 옥수수가 들어간 균형 잡힌 메뉴로 편식을 하는 어린아이들에게 추천하는 밥이에요. 이때 옥수수는 통조림 옥수수보다는 생옥수수를 이용하는 것이 좋아요. 양념장을 미리 만들 수 없다면 진간장만 곁들여도 괜찮아요.

재료

불린 현미 2컵, 옥수수 1개, 시금치 1/2단, 물 2컵, 소금 약간

양념장 재료 (마늘 버터 간장 양념장)
다진 마늘 1/2큰술, 버터 1/2큰술, 진간장 1큰술, 참치액젓 약간

 만들기

1. 옥수수는 쪄서 알을 떼어준다.
2. 시금치는 끓는 물에 데친 후 건조한다.
   - 건조기능 70℃에서 6시간
3. 압력솥에 불린 현미, 옥수수와 건조한 시금치, 소금, 물을 넣고 밥을 짓는다.
4. 버터를 제외한 분량의 양념장 재료를 섞은 마늘 버터 간장 양념장과 버터를 곁들인다.

1. 옥수수는 시간이 지나면 당분이 전분으로 변하면서 단맛이 없어지고 딱딱해져요. 제철인 여름에 구매해 찌거나 삶은 후 냉동실에 얼려두거나 알을 떼어 내어 건조시켜 보관하면 좋아요.
2. 옥수수염을 깨끗이 씻어 말려서 은근하게 오랫동안 끓여주면 옥수수염차가 돼요.
3. 시금치는 주로 두 가지 품종으로 나뉘는데 국거리로는 잎이 넓고 줄기가 긴 것이 좋고, 나물을 무칠 때는 짤막하면서도 뿌리 부분이 불그스름한 것이 달착지근하고 고소해요.

채소의 왕이라고 불리는 시금치는 철분과 칼슘이 풍부하며 엽산고 비타민 E, 식이섬유를 많이 함유하고 있습니다. 시금치만 꾸준히 섭취해도 그렇지 않은 사람에 비해 위암 35%, 대장암 40% 발병률을 낮춘 연구 결과도 있습니다. 시금치를 말리면 영양 함량도 높아지고 식이섬유도 더욱 많아집니다. 옥수수는 섬유소가 풍부하여 변비와 다이어트에 좋습니다. 신경조직에 필요한 레시틴과 비타민 E가 들어 있어 피부 탄력에 도움이 되며, 심혈관 질환 예방과 노화 방지에도 효과적입니다.

DRY FOOD RECIPES
매생이 홍합밥
❋ 솥밥 ❋

말린 매생이와 홍합을 이용해서 지은 밥으로 바다의 향기가 가득해요. 말린 매생이는 가루로 만들어 천연 조미료로 쓸 수도 있어요. 이렇게 만든 매생이 가루를 국이나 수프에 넣으면 매생이 향이 가득한 음식이 만들어져요.

재료

불린 쌀 2컵, 매생이 80g, 홍합 10개, 물 2컵, 참기름 1작은술, 소금 약간

양념장 재료 (파기름 양념장)

채 썬 파 1/2개, 참기름 3큰술, 국간장 2큰술, 매실청 2작은술, 후추 약간

 **만들기**

1. 매생이와 홍합은 깨끗이 씻어 건조한다.
   - 건조기능 70℃에서 6시간
2. 압력솥에 쌀, 건조한 매생이와 홍합, 참기름, 소금, 물을 넣고 밥을 짓는다.
3. 분량의 양념장 재료를 넣어 만든 파기름 양념장을 곁들인다.

 **HANNAH'S TIP**

1. 매생이를 건조하면 국거리, 안주, 면 요리 등에 쉽게 사용할 수 있고 오래 두고 먹을 수 있어요.
2. 매생이는 가열하면 쓴맛이 생기기 때문에 단시간에 조리하여 섭취하는 것이 좋아요.
3. 매생이 요리에 참기름을 넣으면 매생이 특유의 시원하고 깊은 맛을 느낄 수 있어요.
4. 홍합을 손질할 때는 껍질을 깨끗이 문질러 씻어서 불순물을 떼어내요. 살은 소금물에 흔들어 씻어 수염이나 속에 있던 불순물을 제거해요.

 **DOCTOR'S TIP**

겨울이 제철인 매생이는 식이섬유가 풍부하고 비타민, 미네랄 등 영양소를 고르게 함유해 '바다의 채소'라고 불리기도 합니다. 살짝 말리면 오래 보관할 수 있으며, 다시 물에 넣으면 부드러운 맛이 살아나고 쫄깃해집니다.

매생이에 있는 알긴산 성분은 독소를 흡착시켜 배출하는 효과가 있어 해독 작용이 탁월하고, 신진대사를 도와 피부 트러블도 줄여줍니다. 칼슘은 미역보다 3배 이상 풍부하고 우유보다 5배나 많아 어린이나 여성에게도 좋은 식품이며, 철분 또한 미역이나 다시마에 비해 20배 이상 높아 빈혈에도 좋습니다.

DRY FOOD RECIPES
브로콜리 당근밥
❀ 냄비밥 ❀

색상도 아기자기하게 예쁘고 다양한 재료를 사용한 건강 밥이에요. 토마토를 베이스로 한 양념장을 사용하기 때문에 아이들이 아주 좋아해요. 이때 건조한 브로콜리와 당근은 따로 갈아서 천연 채소 조미료로 사용할 수 있어요.

재료

불린 쌀 1과 2/3컵, 퀴노아 1/3컵, 브로콜리 1/2개, 당근 1/3개,
방울토마토 1개, 물 2컵, 올리브유 약간, 참기름 약간, 소금 약간, 라벤더 한줄기

양념장 재료 (로즈마리 토마토 비빔장)
로즈마리 한줄기, 다진 방울토마토 2개, 토마토 페이스트 2큰술, 고추장 1큰술
올리브유 1작은술, 설탕 1작은술, 후추 약간

 만들기

1. 브로콜리는 한입 크기로 썰어 끓는 물에 데치고, 당근은 잘게 다져 건조한다.
   - 건조기능 70°C에서 5시간
2. 냄비에 참기름과 올리브유를 두르고 건조한 당근, 브로콜리를 볶는다.
3. 2에 불린 쌀, 퀴노아, 소금 약간을 넣은 후, 물을 붓고 밥을 짓는다.
4. 분량의 양념장 재료를 섞어 로즈마리 토마토 비빔장을 만든다.
5. 완성된 밥에 방울토마토와 라벤더를 올린 후 비빔장을 곁들인다.

 **HANNAH'S TIP**

1. 소금이나 식초를 탄 물에 브로콜리의 봉오리 쪽을 넣고 흔들어 씻으면, 속에 있는 먼지나 오물을 제거하기 쉬워요.
2. 브로콜리를 데칠 때 소금을 넣고 살짝 데치면 브로콜리 특유의 녹색을 선명하게 유지할 수 있어요. 데친 후에는 수용성 비타민과 칼륨의 손실을 줄이기 위해 찬물에 헹구지 않고 그대로 식히는 것이 좋아요.
3. 9~11월이 제철인 당근은 색이 일정하고 진한 색을 띠면서, 표면이 매끄럽고 형태가 바른 것이 좋아요.
4. 오이와 당근을 함께 사용하는 요리가 많은데, 당근에 있는 아스코르비나아제가 오이에 있는 비타민C를 파괴하기 때문에 좋은 조합은 아니랍니다.

 **DOCTOR'S TIP**

브로콜리, 당근은 대표적인 영양 채소로 손꼽힙니다. 브로콜리는 시금치보다 칼슘이 4배나 많으며, 노화를 막고 피부에 좋은 비타민E가 들어 있는 식품입니다. 살짝 기름에 버무린 후 말리면 베타카로틴의 흡수율을 높여줍니다. 생 브로콜리는 쉽게 무르기 때문에 냉장 보관하여도 2~3일 정도밖에 보관할 수 없는데, 건조를 하면 영양 파괴도 적고 장기간 보관할 수 있습니다. 베타카로틴과 루테인, 리코핀이 풍부한 당근도 올리브유에 볶아 말리면 이러한 항산화 성분의 흡수력이 월등히 높아집니다.

DRY FOOD RECIPES
장어 데리야끼 덮밥
❀ 솥밥 ❀

말린 장어를 이용해서 밥을 하면 장어의 살이 부서지지 않아서 깔끔한 밥을 지을 수 있어요. 데리야끼 소스를 곁들이기 때문에 일식의 느낌이 나는 밥이에요. 장어 특유의 비린내는 생강 물과 곁들이는 생강 데리야끼 양념장으로 잡을 수 있답니다.

재료

불린 쌀 1컵, 장어 1마리, 생강 1/2개, 영양부추 2뿌리, 물 2컵, 포도씨유 1큰술, 청주 1큰술, 소금 약간, 후추 약간, 김 약간

양념장 재료 (생강 데리야끼 양념장)
생강 물 1큰술, 생강 채 1큰술, 전분 물 2큰술, 간장 3큰술, 미림 2큰술, 매실주 2큰술, 꿀 2큰술

 **만들기**

1. 장어는 손질한 후에 청주, 소금, 후추를 뿌려 잡내를 제거하고 건조한다.
   건조기능 50℃에서 4시간 30분
2. 물에 생강을 잘게 다져 넣어서 생강 물을 만든다.
3. 압력솥에 불린 쌀, 건조한 장어, 생강 물을 붓고 밥을 짓는다.
4. 팬에 분량의 양념장 재료를 넣고 졸인 후 생강 데리야끼 양념장을 만든다.
5. 완성된 밥에 길이로 썬 부추와 채 썬 생강, 채 썬 김을 올린 후 양념장을 곁들인다.

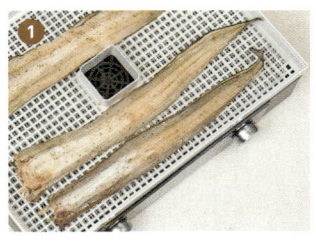

 **HANNAH'S TIP**

1. 가을이 제철인 장어는 등색이 회색, 다갈색, 진한 녹색인 것이 맛있고, 눈알이 투명하고 살이 미끈거리는 것이 신선해요.
2. 장어 특유의 비린내는 청주나 레몬, 생강 등을 이용하면 잡을 수 있어요.
3. 생강은 장어의 찬 성질을 생강의 따뜻한 성질로 보완해주기 때문에 장어와 궁합이 훌륭해요.
4. 특유의 알싸하고 매콤한 맛과 향을 지닌 생강은 살균 및 해독 작용이 뛰어나, 육류나 어패류 요리에도 사용하면 균과 비린내를 잡는 데 큰 효과가 있어요.

 **DOCTOR'S TIP**

장어는 고단백 식품으로 비타민A의 함량이 높고 지방이 많은 스태미나 식품입니다. 레티놀 함량이 말리지 않았을 때 기준으로 소고기의 200배에 해당하며, 말릴 경우 비타민A 함량이 6~7배 이상 증가합니다. 아연이 풍부하고 몸에 좋은 불포화지방산과 칼슘, 철분이 많은 식품으로 혈관을 맑게 하고 두뇌 발달과 치매 예방, 시력 개선에 효능이 있습니다.
장어를 말리면 단백질은 소화하기 쉽게 바뀌고, 비린 맛이 사라지면서 식감도 쫄깃해집니다.

DRY FOOD RECIPES
가지 두부밥
❊ 솥밥 ❊

말린 두부는 쫄깃한 식감이 있고, 말린 가지는 말캉한 식감이 나요. 이렇게 만든 밥에 오미자청 고추 비빔장을 곁들이면 칼칼하게 즐길 수 있는 밥이 만들어져요. 오미자와 고추장, 된장의 미묘한 맛이 베이스가 되기 때문에 구수하면서 세련된 맛을 즐길 수 있어요.

재료

불린 쌀 1과 1/2컵, 가지 1/2개, 두부 1/2모, 물 2컵, 소금 약간

양념장 재료 (오미자청 고추 비빔장)
고추장 1과 1/2큰술, 된장 1큰술, 오미자청 1큰술, 생강즙 1큰술, 다진 마늘 1작은술, 간장 1작은술, 고추기름 1큰술 설탕 1작은술, 다진 홍고추 1작은술, 다진 청고추 1작은술

 만들기

1. 가지는 깨끗이 씻어 1cm 크기의 주사위 모양으로 썰어 건조한다.
   🟦 건조기능 70℃에서 3시간
2. 두부는 소금을 넣은 끓는 물에 살짝 데쳐 물기를 제거한 후, 깍둑썰기하여 건조한다.
   🟦 건조기능 70℃에서 8시간
3. 압력솥에 불린 쌀, 건조한 가지와 두부, 물을 붓고 밥을 짓는다.
4. 분량의 양념장 재료를 넣어 만든 오미자청 고추 비빔장을 곁들인다.

 **HANNAH'S TIP**

1. 수분이 많아 부드러운 식감을 가진 가지는 4~8월이 제철인데, 윤기 있고 색이 선명한 보랏빛을 띠는 것이 좋고 구부러지지 않고 모양이 바른 것이 좋아요.
2. 두부는 사시사철 언제나 쉽게 구할 수 있는 고단백 식재료인데, 특성상 유통기한이 짧기 때문에 개봉하면 빠른 시일 내에 먹어야 해요. 두부를 오래 보관해야 할 때는 소금물에 담가두세요.
3. 두부는 기호에 따라 흑두부나 묵 등으로 대체해 요리해도 좋아요.

 **DOCTOR'S TIP**

가지는 열량이 낮으면서 식이섬유와 칼륨, 항산화 성분이 풍부한 식품으로 독소 배출, 변비 예방, 부종과 다이어트에 좋은 식품입니다. 가지의 보라색을 띠는 성분은 안토시아닌으로 독성 산소를 없애주는 데 탁월한 효과가 있어 동맥경화, 고혈압, 당뇨, 세포 손상을 줄여줍니다. 가지는 추위나 환경에 약하여 냉장 보관하면 얼 수 있는데, 말려서 먹으면 영양 밀도도 높아지고 저장 능력도 좋아집니다.
두부는 콩으로 만든 식품이지만 콩의 장점을 모두 취하면서도 소화 흡수율이 높아져 영양 성분의 이용이 좋아집니다. 수분이 80%인 두부는 상하기 쉬우니 말려서 보관하면 좋습니다.

DRY FOOD RECIPES
전복 무말랭이 솥밥
❋ 솥밥 ❋

말린 전복은 그냥 먹어도 맛있고, 염분이 있어서 간식이나 마른 술안주로 즐기기에도 좋아요. 밥을 짓고 나면 야들야들한 전복과 무말랭이의 조화가 일품인 요리이지요. 장아찌 국물이 들어가기 때문에 새콤달콤한 밥을 즐길 수 있어요.

재료

불린 쌀 2컵, 전복 2마리, 무 1/3개, 물 2컵, 들기름 1큰술, 소금 약간

양념장 재료 (마늘 장아찌 양념장)
굵게 다진 마늘장아찌 2큰술, 장아찌 국물 3큰술, 참기름 1큰술, 참깨 1작은술, 다진 홍고추 1큰술, 조청 1작은술

 만들기

1. 전복 한 개는 껍데기를 분리하여 불순물과 입을 제거하고 깨끗이 씻어 칼집을 낸 후 건조한다.
   - 건조기능 70℃에서 7시간
2. 전복 한 개는 슬라이스해서 건조한다.
   - 건조기능 70℃에서 7시간
3. 압력솥에 불린 쌀, 전복 내장, 들기름, 소금 약간을 넣고 볶는다.
4. 3에 건조한 무와 1, 2의 전복, 물을 붓고 밥을 짓는다.
5. 분량의 양념장 재료를 넣어 만든 마늘 장아찌 양념장을 곁들인다.

1. 8~10월이 제철인 전복은 타원형이고, 전복의 족부가 패각의 바깥쪽으로 살짝 나온 것이 좋아요. 패각에 상처나 흠집이 적으며, 살이 탄력 있으면서 통통한 것을 고르세요.

2. 전복을 손질하려면 수세미나 솔로 전복 껍데기를 문질러 이물질을 제거한 후, 숟가락을 껍데기 사이에 넣어 전복을 완전히 떼어내면 돼요. 전복의 내장을 떼어내고 이빨 부분들 제거해 주세요. 전복 껍데기는 육수를 만들 때 사용하면 시원한 맛을 낼 수 있어요.

3. 전복 요리에 무를 넣으면 무의 소화 효소 때문에 부드러운 전복 요리를 만들 수 있어요.

전복은 '바다의 산삼'이라는 별명이 있을 정도로 장수 식품으로 유명합니다. 단백질 함량이 매우 높으며 타우린, 메티오닌, 시스테인, 아르기닌 등을 포함한 대표적인 아미노산으로 구성된 스태미나 식품입니다. 타우린은 피로 회복에 좋은 아미노산인데 어패류 중 전복에 최고로 많습니다. 혈압과 콜레스테롤 낮추는 데 좋으며 메티오닌과 시스테인은 피로 회복과 간 기능 개선에 효과적이라 간이 좋지 않은 사람, 애주가, 질병 후 회복기, 만성 피로 증상이 있을 때 도움이 됩니다.

말린 식품이 좋은 이유

음식을 말려서 먹는 일은 얼핏 생각하면 어렵게 느껴집니다. 하지만 잘 생각해보면 어린 시절 곶감을 비롯해 우거지, 시래기, 무말랭이, 인삼, 버섯, 호박 등 다양한 음식을 말려서 요리를 했던 것을 쉽게 떠올릴 수 있습니다.
식품을 말리는 것은 선조 때부터도 흔히 이용하던 방법으로 단순히 말리는 행위 이상의 많은 이득이 있습니다. 또한, 색다른 씹는 식감과 맛의 풍미를 느낄 수 있어 무료하고 피로에 지친 현대인에게 활력과 생기를 주기도 합니다.

Q 식품을 말리면 맛이 더 좋아지나요?

A 어떤 식품이라도 일단 말리면 맛이 깊어집니다. 채소는 풍미가 깊어지고 씹는 맛이 더욱 살아납니다. 과일은 수분이 빠져나가면서 달콤한 맛이 응축되고 향이 강해집니다. 씹을수록 깊은 맛이 더해지며 생으로 먹거나 조리하여 먹을 때와는 전혀 다른 맛을 경험할 수 있습니다. 말린 식품을 이용한 요리는 국물의 맛을 깊게 하여 조미료를 줄일 수 있는 이점이 있습니다. 완전 건조뿐만 아니라 반 건조한 식재료 또한 신선하면서도 새로운 맛을 냅니다. 이러한 건조 재료를 이용해 조리하면 수분이 많이 나오지 않아 부드러우면서 맛이 진하게 뱁니다.

Q 식품을 말리면 영양이 파괴되지 않나요?

A 말린 음식은 왠지 영양소가 파괴되고 변질될 것 같다는 생각이 들지만, 실제로는 파괴되는 것보다 높아지는 영양소가 훨씬 많습니다. 말렸을 때 가장 손실되는 것은 수분입니다. 말린 채소에서는 수분을 얻을 수 없지만, 물에 불려 사용하면 바로 수분을 머금게 되므로 걱정할 필요가 없습니다. 하지만 오래 저장하고 말리면서 수용성 비타민은 어느 정도 손실

이 됩니다. 특히, 손실이 큰 비타민C는 다른 음식을 곁들이며 보충하는 것이 좋지요. 그러나 식재료를 말리면 대부분 비타민과 미네랄은 대부분 더욱 풍부해집니다.

Q 말린 식재료로 요리하면 어떤 점이 좋나요?

A 식재료를 말리면 신선할 때와는 또 다르게 다양한 요리에 이용됩니다. 말린 멸치나 새우는 풍미가 더욱 깊어지지요. 버섯도 국물의 재료로 사용하면 감칠맛이 나는 구아닌 산이 나와 영양과 함께 천연 조미료로 사용하기 좋습니다. 채소는 사각사각 씹히는 식재료일 때와 다르게 쪼들쪼들하면서도 풍미가 달라져서 다양한 요리의 식재료로 활용할 수 있습니다.
과일을 말리면 당도가 매우 높아집니다. 말린 사과의 당도는 4배 이상 높아집니다. 당도가 높아지므로 너무 많이 먹으면 비만의 원인이 될 수 있으니 주의해야 합니다. 하지만 말리는 과정에서 맛도 깊어지므로 소량을 이용하여 쿠키나 케이크, 빵에 첨가하여 풍미나 영양을 더할 수 있습니다.

Q 말린 식재료는 보관하기 좋은가요?

A 제철 채소와 과일을 먹는 것이 좋지만, 과일이나 채소가 풍성할 때 구매를 해도 오래 보존하지 못한다는 단점이 있습니다. 하지만 말려서 사용한다면 가을에 말려 겨울에 먹을 수 있고, 고추처럼 말려서 온갖 요리의 양념으로 사용하면서 오랫동안 사용할 수 있다는 장점이 있습니다. 대개 세균, 곰팡이, 바이러스 등은 적당한 수분이 있어야 생존하기 때문에 말리면서 수분을 제거하면 미생물이 자랄 수 없는 환경이 되어 저장성이 매우 높아집니다. 채소나 과일은 수분이 많아서 3~4일 정도면 물컹거리는 부분이 생기고 변질되기 시작합니다. 독신이나 핵가족이 많은 요즘 가정에서는 적은 양의 채소를 구매해도 한 번에 다 먹지 못하면 냉장고에서 있다가 버려지는 게 일쑤입니다. 이럴 때에 말려 두었다 물에 불려 나물을 해먹고, 간식을 해먹으면 언제라도 손쉽게 채소와 과일을 먹을 수 있습니다. 채소나 과일뿐만 아니라 생선, 오징어, 문어, 조개, 굴, 홍합, 미역, 다시마 등 바다에서 나는 수산물과 육류도 말려서 사용하면 오래 보관할 수 있습니다. 언제든 국물을 우려먹는 데도 좋고, 신선할 때와는 또 다른 맛을 오래도록 즐길 수 있습니다.

part. 02
무침·볶음·전 만들기

DRY FOOD RECIPES
레몬청 참외 무침
❋ 무침 ❋

말린 참외의 농축된 단맛과 특유의 향이 입맛을 자극해요. 레몬청이 어우러지면 새콤달콤한 맛이 나지요. 특히 고기와 함께 먹으면 고기 특유의 느끼함과 텁텁함을 잡아주기 때문에 샐러드로 곁들여 먹으면 좋아요. 말린 참외는 다른 샐러드에 넣어 먹어도 맛이 잘 어울린답니다.

재료

참외 2개, 적상추 3장, 검은깨 약간

양념 재료 (레몬청 양념)
레몬청 4큰술, 레몬즙 2큰술, 올리브유 1작은술, 멸치액젓 1작은술, 다진 마늘 1작은술, 다진 민트 한줄기, 식초 1작은술, 다진 홍고추 1작은술

 **만들기**

1. 참외는 씻은 뒤 씨를 제거하고 슬라이스해서 건조한다.
   건조기능 50℃에서 7시간
2. 적상추는 손으로 툭툭 뜯어준다.
3. 분량의 레몬청 양념 재료를 섞는다.
4. 건조한 참외와 적상추, 3의 양념을 넣고 무친 뒤 검은깨를 뿌려 완성한다.

1. 여름이 제철인 참외는 색깔이 짙고 선명하면서 꼭지가 싱싱한 것이 맛이 좋아요.
2. 참외처럼 당분이 있는 재료들은 말리면 당도가 더 높아져요.
3. 기호에 따라 상추를 대신해서 깻잎, 봄동 등으로 대체할 수 있거요.
4. 레몬청은 레몬을 설탕이나 꿀에 재워 만드는데, 차로 마시거나 요리에 단맛을 줄 때 설탕 대신 넣으면 특유의 상큼함과 향이 나요.

참외는 수분이 90% 정도로 높아 시원하고 아삭거리는 맛이 납니다. 이를 말리면 아삭한 식감이 쫄깃해지면서 더욱 달콤해집니다. 참외에는 칼륨과 식이섬유가 풍부하여 부종을 줄이고 혈압을 안정시키며 독소 배출과 면역력 향상에 도움을 줍니다. 참외에 포함된 포도당과 과당은 인체에 흡수가 빨라 피로 회복에 좋습니다. 또한, 쿠쿠비타신이 함유되어 암세포 확산을 막는 데 도움을 줍니다. 쿠쿠비타신 성분은 오이의 쓴맛을 내는 성분인데, 참외 껍질 바로 아랫부분에 많으므로 평소에 잘 먹지 않는 참외 껍질은 말려서 먹으면 식이섬유와 항산화 효능을 더 많이 섭취할 수 있습니다.

DRY FOOD RECIPES
말린 고사리 볶음
❀ 볶음 ❀

고사리는 말리면 쫄깃쫄깃한 식감이 살아나서 씹는 즐거움을 느낄 수 있고, 오래 저장할 수 있어서 손쉽게 만들어 먹는 식재료예요. 보통 날것으로 바로 무치는 음식은 참기름을 사용하지만, 말린 재료를 이용해서 만드는 음식은 들기름을 사용해서 만드는 것이 풍미가 더 좋아요.

재료

고사리 200g, 들깻가루 1큰술, 포도씨유 약간

양념 재료 (국간장 나물 양념)

물 5큰술, 국간장 2큰술, 다진 마늘 1작은술, 들기름 1작은술, 아몬드 슬라이스 1큰술, 다진 땅콩 1큰술, 소금 약간, 설탕 약간

 만들기

1. 고사리는 삶은 뒤 건조한다.

    건조기능 60℃에서 6시간

2. 분량의 국간장 나물 양념을 섞는다.
3. 팬에 포도씨유를 두르고 물에 불린 말린 고사리, 아몬드 슬라이스, 들깻가루, 2의 양념을 넣고 볶는다.

 **HANNAH'S TIP**

1. 4~6월이 제철인 고사리는 연한 갈색을 띠면서 털이 적고 특유의 향이 짙으며, 줄기가 가늘고 윗부분에 깊이 많은 것이 국산이에요.
2. 고사리는 삶아서 찬물에 헹구지 않고 뜨거운 상태에서 말려야 고사리 특유의 향과 깊은 맛을 유지할 수 있어요. 말린 고사리는 보관해두고 국, 찌개, 나물, 떡 등을 만들 때 사용하면 좋아요.
3. 기호에 따라 더 깊고 고소한 맛을 내려면 콩가루를 넣으면 좋아요.

 **DOCTOR'S TIP**

고사리는 채소 중에서도 식이섬유가 많아 장운동을 좋게 하고, 유산균의 활동을 도와줘 독소 배출과 면역 증강에 좋습니다. 식이섬유가 풍부하여 포만감이 뛰어나니 다이어트에도 좋고 혈당의 정상화에도 좋습니다. 고사리는 산에서 나는 고기라고 할 만큼 단백질이 풍부합니다. 단백질은 생 고사리에 비해 건조한 고사리에 10배 정도 많이 들어 있으며 칼슘과 인, 칼륨 성분도 매우 높아집니다. 칼슘 함량도 20배 이상 높아져 성장기와 여성 건강에에 좋습니다. 생으로 먹을 경우 독성 성분의 위험이 있는데, 살짝 데쳐서 말려 먹으면 식감도 풍부해지고 영양 성분도 증가하면서 독성 성분도 사라지게 됩니다.

DRY FOOD RECIPES
말린 무청 나물
❀ 볶음 ❀

무청은 말리면 특유의 향과 질깃한 질감이 생겨요. 저장해두고 국이나 나물, 무침을 만들기 좋은 재료이긴 하지만 특유의 향 때문에 거부감을 가지는 사람도 많아요. 이럴 때는 된장을 이용해서 무침을 만들면 구수한 향이 말린 무청과 잘 어울려서 누구나 맛있게 먹을 수 있어요.

재료

무청 200g, 홍고추 1/2개, 들깻가루 2큰술, 물 1/2컵, 소금 1큰술

양념 재료 (땅콩 된장나물 양념)
된장 2큰술, 다진 땅콩 1큰술, 다진 마늘 1작은술, 다진 파 1작은술, 참기름 1큰술, 설탕 1/2작은술

 **만들기**

1. 무청은 끓는 물에 삶아 물기를 꼭 짠 후에 건조한다.
   건조기능 70℃에서 6시간
2. 1의 건조한 무청은 물에 불렸다가 삶고, 홍고추는 어슷썰기 한다.
3. 분량의 재료를 섞어 땅콩 된장나물 양념을 만든다.
4. 건조한 무청에 3의 양념과 들깻가루, 물, 소금을 넣고 볶는다.

1. 삶은 무청을 말리기 전에 포크로 무청의 줄기를 긁어주면서 가닥을 나눠주면 식감이 부드러워지고 양념이 더 잘 배어요.
2. 들깻가루는 음식에 향과 풍미를 높여주고 고소한 맛을 내며 리놀렌산과 오메가3지방산, 불포화지방산이 많아요. 하지만 칼로리가 높으니 주의해야 해요.
3. 삶은 무청은 찬물에 헹구지 않고 그대로 식히고 말려야 부드러운 무청을 만들 수 있어요.
4. 가을, 겨울이 제철인 무청은 줄기가 연하고 푸른빛을 띠며 잎이 연한 것이 좋아요. 이때 무청을 말려 보관해두면 사계절 내내 먹을 수 있어요.

무를 수확하고 남은 잎과 줄기를 무청이라고 합니다. 무청은 식이섬유가 풍부할 뿐만 아니라 항암 효과도 있다는 실험 결과가 있습니다. 한국식품연구원 김영진 박사팀은 무청에는 간암 억제 효능이 있을 뿐만 아니라 식이섬유와 칼슘, 철을 공급할 수 있는 우수한 식품 소재라고 밝혔습니다.

무청에는 비타민과 미네랄, 식이섬유가 가득 들어 있어 포만감을 주고 비만을 예방하며 혈당이 높아지는 것을 막아줍니다. 특히, 말린 무청은 식이섬유가 10배 이상 증가하여 성연병 예방과 독소 배출, 면역력 향상에 더없이 좋습니다.

DRY FOOD RECIPES
말린 굴비 고추장 무침
◈ 무침 ◈

굴비는 미리 양념을 해서 말리는 것이 좋아요. 이때 좋아하는 오일이나 과일을 넣으면 특유의 향을 만들 수 있어요. 여기서 사용하는 녹차 가루는 굴비의 비린 냄새를 잡아주는 효과가 있어요. 말린 굴비 고추장 무침은 짭조름한 간이 배어 있으면서 감칠맛이 도는 것이 특징이에요.

재료
굴비 4마리, 레몬 1/2개, 올리브유 1큰술, 후추 약간, 녹차 가루 1작은술

양념 재료 (녹차 고추장 양념)
고추장 3큰술. 녹차 가루 2큰술, 녹차청 1큰술, 다진 피클 1큰술, 참기름 1작은술

 **만들기**

1. 굴비는 손질 후 포를 떠서 레몬즙, 올리브유, 녹차 가루, 후추를 뿌려 건조한다.
   🔲 건조기능 70℃에서 6시간
2. 건조한 굴비를 한입 크기로 손으로 뜯어준다.
3. 분량의 재료를 섞어 녹차 고추장 양념을 만든다.
4. 건조한 굴비에 3의 양념을 넣고 무친 후, 녹차 가루를 뿌린다.

1. 비늘이 벗겨지지 않고 촘촘히 잘 유지되어 있고, 눈은 선명한 검은색을 띠며, 눈 주변은 노란색을 띠는 것이 좋은 굴비예요.
2. 굴비는 조기를 소금에 절여 해동에 말린 것으로 양질의 단백질과 비타민A, 비타민D가 풍부해서 피로 회복에 효과적이에요.

생선을 말리면 수분이 빠지면서 비린내가 줄어들고 단백질은 소화하기 쉬운 상태가 되며 풍미도 깊어집니다. 굴비에는 비타민A가 풍부한데, 비타민A는 폐를 포함한 호흡기 면역력을 높여주며, 시력 보호와 각막 질환 예방, 피부 노화를 막고 여드름이나 트러블을 줄이는 데 도움을 줍니다. 비타민A는 지용성이라 올리브유로 밑간하면 흡수력이 높아져 영양 효능이 좋아집니다. 다만, 염장한 굴비를 말릴 때는 염도가 높아질 수 있으니 주의해야 합니다.

DRY FOOD RECIPES
멸치 고구마 볶음
❋ 볶음 ❋

멸치 볶음을 만들기 전에 미리 멸치를 살짝 말리면 바삭한 멸치 볶음을 만들 수 있어요. 특히 멸치의 짠맛을 제거하기 위해 물에 담갔을 때는 다시 한 번 건조해야 맛있는 멸치 볶음을 완성할 수 있어요. 멸치에 코코넛 카레 양념을 넣어서 볶으면 독특한 풍미의 요리가 되지요.

재료

잔멸치 80g, 고구마 1개, 셀러리 한줄기, 올리브유 1작은술, 소금 약간

양념 재료 (코코넛 카레 양념)
카레 가루 3큰술, 코코넛유 1큰술, 화이트와인 1큰술,
다진 마늘 1/2큰술, 다진 홍고추 1큰술, 코코넛 밀크 1큰술

 **만들기**

1. 잔멸치는 물에 살짝 담가 짠맛을 빼주고, 물기를 제거한 후 건조한다.
   건조기능 70℃에서 5시간
2. 고구마는 찐 후 새끼손가락 두 마디 크기로 잘라 건조한다.
   건조기능 70℃에서 9시간
3. 셀러리는 섬유질을 벗겨 어슷썰기 한다.
4. 분량의 코코넛 카레 양념을 섞는다.
5. 팬에 올리브유를 두르고 건조한 잔멸치, 건조한 고구마, 셀러리, 4의 코코넛 카레 양념, 소금을 넣고 볶는다.

 **HANNAH'S TIP**

1. 3~4월이 제철인 잔멸치는 구수하고 짭조름한 냄새가 나면서 색이 희고 맑은 기운이 돌면서 달짝지근한 맛이 나는 것이 좋아요.
2. 잔멸치는 물에 담갔다가 조리하면 멸치의 짠맛과 비린 냄새를 줄일 수 있어요.
3. 취향에 따라 적고구마, 호박고구마, 밤고구마 등을 말려서 활용해도 좋아요.
4. 셀러리를 손질할 때는 섬유질 부분을 제거하고 깨끗이 씻어요. 주로 줄기 쪽을 사용하고 잎은 버리는 경우가 많지만 잎을 쌈 채소와 함께 먹으면 향긋한 맛이 아주 좋지요. 영양 성분이 줄기보다 많기 때문에 육수를 내거나 볶음 요리에 사용해도 좋아요.

 **DOCTOR'S TIP**

멸치는 말린 상태로 유통이 되어 오래 보관할 수 있고, 단백질과 칼슘은 국물에 우려내어 구수한 감칠맛과 영양을 챙기는 친숙한 영양 식재료입니다.
생 멸치에 비해 말린 것치는 단백질, 지질, 탄수화물도 높아지고 칼슘은 3배까지 많아집니다. 특히, 큰 멸치일수록 말리면 영양 함량이 높아집니다. 칼슘뿐만 아니라 철분도 5배 이상 증가하고 칼륨, 나트륨도 3배 이상 증가하며 비타민 B1, B2 함량도 높아집니다. 멸치에 들어 있는 지방은 오메가3지방산으로 혈관 영양과 노화 방지에 좋으며, 타우린이 풍부하여 피로 회복, 독소 배출에도 좋습니다.

DRY FOOD RECIPES
말린 죽순 골뱅이 무침
❋ 무침 ❋

말린 죽순 골뱅이 무침은 반찬으로도 좋지만, 술안주나 손님 초대 요리로도 제격이에요. 죽순은 말리면 부피가 많이 줄어들기 때문에 보관하기 좋아요. 완전히 말랐을 때는 딱딱한 칩 느낌이 들지만, 물에 불리면 부드러워져서 수분이 있는 요리에 사용하면 원래의 아삭아삭한 질감과는 또 다른 식감이 생겨요.

재료
죽순 200g, 골뱅이 1컵, 미나리 4줄기, 참깨 1작은술, 참기름 1작은술, 소금 1작은술

양념 재료 (고추 피쉬소스 양념)
다진 청고추 1큰술, 피쉬소스 3큰술, 타바스코소스 1/2큰술, 레몬즙 2큰술, 다진 마늘 1작은술, 다진 양파 1작은술, 올리고당 2큰술, 설탕 1큰술

 **만들기**

1. 죽순은 소금을 넣어 삶고 물기를 제거해서 건조한다.
   건조기능 70℃에서 7시간
2. 골뱅이는 절반으로 썰고, 미나리는 5cm 길이로 썬다.
3. 분량의 고추 피쉬소스 양념을 섞는다.
4. 1의 죽순, 골뱅이, 미나리, 참기름, 참깨, 3의 양념을 모두 넣고 무친다.

1. 봄이 제철인 죽순은 대나무의 사순을 말하는데 껍질이 벗겨진 것은 채취한 지 오래되었고, 변색이 쉽기 때문에 껍질이 단단히 붙어 있는 것을 구입하는 게 좋아요. 껍질 전체가 녹색을 띠는 것이 신선한 것이에요.
2. 죽순은 겉껍질을 벗겨서 씻고 40분에서 1시간 정도 삶아서 사용해요. 이때 쌀뜨물로 삶아서 식힌 후 사용하면 산화를 막고 떫은맛을 뺄 수 있어요.
3. 생 골뱅이는 살이 빠져나오지 않고 들었을 때 무겁고 살이 탄력 있는 것이 좋아요.
4. 골뱅이나 우렁이 같은 재료는 불순물을 제거하기 쉽지 않은데, 밀가루를 조금 넣고 주물러 준 뒤 헹구면 불순물이 씻겨 나와요.

죽순은 식이섬유가 매우 풍부한 식품으로 말려서 먹으면 식이섬유 함량이 매우 높아집니다. 또한, 죽순에 들어 있는 티로신은 칼륨을 비롯한 미네랄도 풍부하여 콜레스테롤을 떨어뜨리고 동맥경화, 고혈압, 성인 병을 예방하는 데 효과적입니다. 현대인에게 꼭 필요한 영양소인 식이섬유가 풍부하여 대장 운동을 원활하게 해주고, 독소의 배출을 도와줍니다. 풍부한 식이섬유는 변비 예방과 다이어트에 좋으며, 면역력을 높이는 데도 효과적입니다. 죽순을 건조시키면 칼슘은 5배가 올라가고, 철분 4배, 칼륨 5배, 리보플라빈과 나이아신도 2배 이상 높아집니다.

DRY FOOD RECIPES
말린 통마늘 볶음
❀ 볶음 ❀

마늘을 익혀서 말리면 마늘 특유의 매운맛이 사라지기 때문에 먹기에 좋아요. 말린 마늘을 갈아서 천연 조미료로 사용할 수도 있어요. 말린 통마늘 볶음은 수삼의 향이 강하게 나는 양념을 곁들였어요. 단맛을 더 추가하고 싶다면 설탕 대신 수삼청의 양을 늘려서 사용하는 것도 좋은 방법이에요.

재료

마늘 25쪽, 미니 새송이버섯 50g, 잣가루 1작은술, 빨간 파프리카 1/4개, 노란 파프리카 1/4개, 피망 1/4개

양념 재료 (대추 수삼청 양념)
수삼청 3큰술, 다진 대추 1큰술, 흑초 1작은술, 진간장 1과 1/2큰술, 참기름 1작은술, 다진 수삼 1/3개, 물엿 4큰술

 **만들기**

1. 마늘은 껍질을 벗겨 찜기에 찐 후, 건조한다.
   🔲 건조기능 70℃에서 11시간
2. 미니 새송이버섯은 2등분으로 자른다.
3. 파프리카와 피망은 가로세로 1cm 크기로 썬다.
4. 분량의 대추 수삼청 양념 재료를 섞는다.
5. 냄비에 말린 마늘과 미니 새송이버섯, 3의 채소, 4의 양념과 물을 모두 넣고 볶는다. 다 익으면 잣가루를 뿌려 완성한다.

 **HANNAH'S TIP**

1. 마늘은 우리나라에서 가장 즐겨 사용하는 향신료 중 하나예요. 대부분 한식 요리의 베이스로 활용되기 때문에 익숙하고 친근한 재료이지요.
2. 마늘은 대표적인 뿌리채소로 생으로 먹을 때는 특유의 향이 매우 강하지만, 익히면 향이 많이 약해져요. 마늘의 아린 맛이나 특유의 향이 싫다면 익혀서 사용하는 것이 좋아요.
3. 햇마늘은 수분이 많고 아삭하지만, 묵은 마늘은 수분이 적고 조금 말라 있어요.

 **DOCTOR'S TIP**

마늘에 포함된 알리신은 피로 회복과 기력 보충에도 도움을 줍니다. 마늘은 체내에 쌓이는 콜레스테롤 수치를 낮춰주며 중성 지방을 제거하는 효능이 있어 꾸준히 섭취하면 뇌와 혈관 건강에 좋습니다. 마늘에는 칼륨을 비롯한 미네랄과 비타민이 풍부하여 혈액 순환 촉진에 좋습니다.

마늘에 들어 있는 유황 화합물은 혈전 예방, 혈관 탄력성을 높여주거 성인병, 심혈관 질환을 줄여줍니다. 마늘을 딸기와 함께 먹으면 비타민C 함량이 높아지면서 피로 회복, 항산화, 세포 재생, 면역력 증진에 도움이 됩니다.

DRY FOOD RECIPES.
말린 취나물 볶음
❀ 볶음 ❀

나물 종류는 그냥 보관하기에는 부피가 크고 잘 무르기 때문에 말려서 보관하는 게 좋아요. 아이들이 나물 반찬을 잘 안 먹을 때는 토마토 페이스트와 다진 토마토가 들어간 취나물 무침을 먹여 보세요. 매운맛은 타바스코소스로 조절해주세요.

재료

취나물 150g, 다진 마늘 1큰술, 소금 약간

양념 재료 (토마토 들깨 양념)
프레시 다진 토마토 1/2개, 들깻가루 1/2작은술, 들기름 1큰술, 소금 약간

 **만들기**

1. 취나물은 끓는 물에 데친 후 찬물에 헹궈 건조한다.
   건조기능 60℃에서 5시간
2. 분량의 토마토 들깨 양념 재료를 섞는다.
3. 건조한 취나물을 물에 10분간 불린다.
4. 팬에 들기름을 두르고 다진 마늘과 취나물, 소금을 넣고 볶는다.
5. 4의 팬에 2의 양념을 넣고 볶아 완성한다.

1. 취나물은 세 번 정도 수확하는데, 처음 수확한 것이 가장 향이 진하고, 맛이 뛰어나요.
2. 취나물은 칼륨 함량이 대우 높은데, 들깻가루와 함께 조리하면 단벅질과 지방이 첨가되어 더욱 영양이 풍부해져요.

취나물은 비타민A가 풍부하여 호흡기 점막의 면역력을 높이며, 면역력을 증강 시키고 피부 탄력에도 좋습니다. 취나물에는 식이섬유와 칼륨의 함량이 높아 염분 배출을 도와서 부종을 줄이고, 혈압을 안정시켜주며, 포만감을 주고, 장운동을 도와서 다이어트와 독소 배출에도 효과적입니다.
취나물을 말리면 식이섬유가 6배 이상 높아져 신진대사가 활발해지고 포만감을 줍니다. 또한, 칼슘과 칼륨, 철분이 풍부하여 말리면 더욱 함량이 높아집니다.

DRY FOOD RECIPES
모둠 묵 무침
❀ 무침 ❀

묵은 우리나라에만 있는 고유 식품으로 묵전, 묵밥, 묵국수 등 다양한 방법으로 즐겨 먹어요. 여기서는 상큼한 파인애플 양념을 활용해 상큼한 묵 무침을 만들어봤어요.

재료

도토리묵 1모, 청포묵 1모, 부추 약간, 당근 1/4개, 무 1/8개, 홍고추 1개, 돌김 1줌

양념 재료 (파인애플 양념)
파인애플 1/4개, 마요네즈 1큰술, 양파 절임 4큰술, 삶은 달걀 1/2개, 설탕 1과 1/2큰술, 소금 약간, 후추 약간

 만들기

1. 도토리묵은 새끼손가락 크기로 잘라 건조한다.
   - 건조기능 70℃에서 7시간
2. 청포묵도 새끼손가락 크기로 잘라 건조한다.
   - 건조기능 70℃에서 7시간
3. 부추는 3cm로 썰고, 무와 당근은 3cm 길이로 채 썰며, 홍고추는 어슷썰기 한다.
4. 분량의 파인애플 양념 재료를 믹서에 간다.
5. 건조한 묵은 물에 불렸다가 데쳐서 준비한다.
6. 볼에 3의 채소, 4의 양념, 5의 묵을 넣고 무친다.

 **HANNAH'S TIP**

1. 도토리묵은 도토리, 청프묵은 녹두, 황포묵은 녹두앙금에 치자 물을 섞어서 만든 묵이고, 메밀묵은 메밀로 만든 묵이에요.
2. 묵을 말려 먹으면 떡처럼 쫄깃한 식감의 묵 말랭이를 만들 수 있으며, 장기간 보관할 수 있어요.
3. 파인애플은 잎이 작고 단단한 것이 좋아요. 몸통은 눌렀을 때 살짝 들어가면서, 아랫부분이 노란빛을 띠는 것이 싱싱해요.

 **DOCTOR'S TIP**

묵은 포만감을 주면서 칼로리는 높지 않아 대표적인 다이어트 식품입니다. 묵을 건조시키면 식감이 쫄깃해지고 풍미가 좋아져 깊은 맛이 우러납니다. 도토리묵은 도토리를 원료로 만든 식품으로 탄닌 성분이 많아 소화가 잘 되고 설사를 멎게 하며 지방 흡수를 억제합니다. 도토리 속 아콘산은 독소 및 중금속 해독에 효능이 좋아 피로 회복, 성인병 예방에 좋습니다. 청포묵은 당질과 함께 식이섬유, 류신, 라이신, 발린 등 필수 아미노산이 풍부하여 어린이 성장 발육에도 좋습니다. 황포묵도 비타민, 미네랄이 풍부한 미나리, 홍고추, 파인애플 등 채소, 과일과 함께 곁들이면 영양이 조화로워집니다.

DRY FOOD RECIPES
우엉 호두 볶음
❋ 볶음 ❋

우엉은 말리면 약간 질깃한 질감이 생기면서 풍미가 더 좋아지는 것이 특징이에요. 완전히 건조하면 바스러지기 때문에 반건조를 하는 것이 좋아요. 반찬으로도 좋지만, 간식으로 먹기에도 손색이 없어요. 고르곤졸라 치즈 특유의 향이 익숙하지 않다면 연질 치즈 중 다른 것으로 대체해도 좋아요.

 **재료**
우엉 2대, 화이트와인 식초 1큰술, 호두 1컵, 해바라기유 1큰술, 검은깨 1작은술

소스 재료 (고르곤졸라 소스)
고르곤졸라 20g, 우유 2큰술, 생크림 4큰술, 다진 할라피뇨 1큰술, 소금 약간, 후추 약간

 만들기

1. 우엉은 5cm 길이로 채 썰어 소금과 화이트와인 식초를 넣은 끓는 물에 데친 후 건조한다.
   건조기능 70℃에서 5시간
2. 호두는 마른 팬에 살짝 볶는다.
3. 분량의 고르곤졸라 소스 재료를 넣고 섞는다.
4. 팬에 해바라기유를 두르고 말린 우엉, 호두, 3의 소스를 넣고 약한 불에서 볶는다. 다 익으면 검은깨를 뿌려 마무리한다.

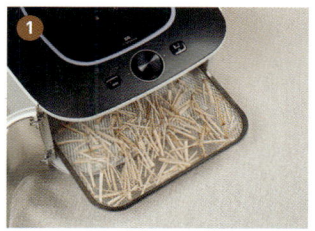

1. 겨울이 제철인 우엉은 도면이 촉촉하고, 뿌리가 곧고 매끈한 것이 좋아요. 굵기가 굵은 것은 질기니 피하세요.
2. 우엉은 냄새를 잡고 향신료 역할을 하기 때문에 육류나 냄새가 있는 식재료를 조리할 때 사용하면 좋아요.
3. 호두는 끓는 물에 살짝 데쳐서 속껍질을 벗겨내면 쓴맛을 제거할 수 있어요.
4. 호두는 지방이 많아 산화되기 쉽기 때문에 껍질이 있는 것을 구매하는 게 좋아요. 껍질에 작은 구멍이 뚫린 것은 벌레가 먹은 것이니 구입할 때 고려하세요.

우엉에는 식이섬유, 칼륨, 마그네슘, 아연, 리그닌 성분이 풍부하여 변비를 개선하고 동맥경화를 예방하며 독소 배출, 대장암 예방 효과를 기대할 수 있습니다. 우엉을 건조시키면 아삭거리는 맛이 쫄깃하고 깊은 맛으로 변합니다.
우엉은 원래 일본이나 중국에서 약용 식물로 사용했는데 지금은 요리 재료로 사용되고 있습니다. 우엉에 풍부하게 들어 있는 식이섬유 중 이눌린은 소화, 흡수가 되지 않는 성분으로 공복을 줄이거나 혈당을 높이지 않아 당뇨 환자의 혈당을 유지하는 데 도움을 줍니다.

DRY FOOD RECIPES
말린 두부 볶음
❀ 볶음 ❀

두부를 말려서 사용하면 두부 특유의 물컹물컹한 식감이 사라지며 콩고기를 먹는 느낌과 비슷한 식감을 즐길 수 있어요. 말린 두부는 일반 두부와 맛은 비슷하지만, 식감이 달라서 두부라고 느껴지지 않아요. 말린 두부 조림은 냉동실에 얼려 두었던 홍시를 활용해서 양념을 만들기 때문에 천연의 단맛을 즐길 수 있어요.

재료

두부 1모, 호박씨 2큰술, 삶은 쥐눈이콩 2큰술, 마늘 올리브유 1큰술, 소금 약간

양념 재료 (홍시 간장 양념)
반건시 1/2큰술, 홍고추 1/2개, 양파1/4개, 마늘 1쪽, 간장 4큰술, 소금 약간, 후추 약간

 만들기

1. 두부는 소금을 약간 뿌려서 직사각형으로 썰어 건조한다.
   - 건조기능 70℃에서 5시간
2. 팬에 마늘 올리브유를 두르고 불려 둔 건조한 두부를 굽는다.
3. 분량의 홍시 간장 양념 재료를 믹서에 간다.
4. 팬에 **3**의 양념을 넣고 볶다가 **2**의 구운 두부와 삶은 쥐눈이콩, 호박씨를 버무려 완성한다.

1. 두부를 오래 보관해야 할 때는 소금물에 담가 두는 게 좋아요.
2. 기호에 따라 흑두부나 묵 등으로 대체해도 좋아요.
3. 쥐눈이콩은 크기는 작지만 영양은 풍부해요. 콩알이 고르면서 윤기가 나는 검은색을 고르세요.
4. 쥐눈이콩은 약처럼 효과가 뛰어나다고 해서 '약콩'이라고도 해요.
5. 대봉이나 땡감 같은 떫은맛이 강한 감을 햇볕에 쬐주면 떫은맛이 사라지면서 말랑거리는 홍시가 되는데, 숙취 해소와 소화에 좋지만, 탄닌 성분이 변을 굳게 하기 때문에 변비가 있는 사람은 너무 많이 먹지 않도록 주의하세요.

두부는 콩으로 만든 식품이지만 콩의 장점을 모두 취하면서도 소화 흡수율이 높아져 영양 성분의 이용이 좋아집니다. 대두에 들어 있는 우수한 단백질을 섭취할 수 있어 필수아미노산, 단백질, 리놀산이 풍부하여 고지혈증 예방에 효과적이며, 레시틴이 풍부하여 뇌세포 활성화에 도움이 됩니다.
쥐눈이콩은 다른 콩에 비해 이소플라본뿐만 아니라 안토시아닌 성분까지 있어 항암, 노화 방지, 시각 세포의 재생에도 도움이 됩니다.

Dry food recipes
말린 감자 견과류 볶음
❀ 볶음 ❀

말린 감자는 찌개에 넣거나 과자로 만들 수도 있어서 한 번 만들어 두면 유용해요. 딱딱하지 않고 쫄깃쫄깃한 정도로 말려서 사용해야 식감이 좋아요. 미리 만들어두었던 청이 있다면 청을 활용해서 만드는 것이 좋은데 반드시 블루베리청이 아니어도 상관없어요.

재료

감자(중간 크기) 5개, 각종 견과류 1/2컵, 올리브유 1큰술, 로즈마리 한줄기, 소금 약간, 후추 약간, 호박씨 약간

양념 재료 (블루베리폰즈 양념)

블루베리청 3큰술, 블루베리 10알, 다시마 가츠오부시 육수 1/2컵, 간장 3큰술, 흑초 2큰술, 버터 약간, 물엿 2큰술, 설탕 4큰술, 다진 홍고추 1큰술

 만들기

1. 감자는 찐 다음 깍둑썰기하여 올리브유, 로즈마리, 소금, 후추에 버무려 건조한다.

   건조기능 55℃에서 5시간

2. 분량의 블루베리폰즈 양념 재료를 섞는다.
3. 냄비에 올리브유, 감자, 호박씨, 견과류, 2의 양념을 넣고 볶는다.

1. 감자는 전분 때문에 조리 과정에서 열을 가해도 영양소가 잘 파괴되지 않아요. 감자에는 비타민C가 많아서 '대지의 사과'라는 별명이 있어요. 하지만 쉽게 갈변되는데, 소금물이나 식초 몇 방울을 넣은 물에 담근 후 사용하면 갈변을 막을 수 있어요.

2. 감자를 보관할 때, 사과를 1~2개 정도 함께 보관하면 사과의 에틸렌 성분이 싹이 나는 것을 억제해요. 반대로 양파와 감자를 함께 두면 둘 다 쉽게 상하므로 따로 보관해야 해요.

3. 블루베리청이 없을 경우 레몬, 자몽, 오미자, 매실 같은 과실 청이나 물엿을 사용해도 좋아요.

감자는 예로부터 즐겨 먹던 구황작물로 보관을 잘못한 경우 싹이 나면서 '솔라닌'이라는 독성 성분이 생깁니다. 이 독성 성분은 가열해도 제거되지 않아 유럽에서는 18세기까지 감자를 '악마의 식품'으로 간주했다고 합니다. 하지만 감자는 영양 성분이 다양하고 풍부하여 '땅속의 종합 비타민'이라는 별명이 있습니다. 비타민B1가 사과의 10배 정도로 에너지 대사를 활발하게 하여 소화를 용이하게 하고 비타민C도 사과의 5배나 들어 있습니다. 여기에 식이섬유가 풍부하고 항산화 성분인 안토시아닌이 풍부한 블루베리와 필수지방산, 비타민E가 많은 견과류를 함께 먹으면 더욱 훌륭한 한 끼 요리가 됩니다.

Dry food recipes
말린 도라지 바지락 초무침
❀ 무침 ❀

반 건조한 도라지는 향이 풍부해서 무침이나 샐러드에 활용하면 좋아요. 바삭바삭한 질감을 살리고 싶다면, 완전히 건조를 시켜서 완성된 말린 도라지 바지락 초무침 위에 뿌려주면 바삭한 식감을 즐길 수 있어요.

재료

도라지 2줌, 바지락 살 1/2컵, 시금치 1/4단, 방울토마토 5알, 적양파 1/4개, 소금 약간

양념 재료 (배 페퍼민트 고추장 양념)
배 1/4개, 고추장 1과 1/2큰술, 액젓 1큰술, 들깻가루 약간, 간장 1큰술, 들기름 1작은술, 배청 1큰술, 다진 마늘 1작은, 사과 식초 3큰술, 페퍼민트 오일 1작은술

 만들기

1. 도라지는 껍질을 제거하고 손으로 찢어 건조한다.
   건조기능 70℃에서 8시간
2. 바지락 살은 물에 씻어 끓는 물에 데친다.
3. 시금치는 한입 크기로 뜯고, 방울토마토는 4등분, 적양파는 채를 썬다.
4. 분량의 배 페퍼민트 고추장 양념 재료를 믹서에 간다.
5. 볼에 말린 도라지, 데친 바지락 살, 시금치, 방울토마토, 적양파, 소금, 4의 양념을 모두 넣고 무친다.

 **HANNAH'S TIP**

1. 도라지는 굵은 소금을 넣고 박박 문질러서 손질하면 도라지 특유의 쓴맛을 제거할 수 있어요.
2. 바지락은 양념에 무쳐 먹어도 쫄깃하며 맛이 좋지만, 육수를 뽑거나 찌개 및 칼국수 등을 만들 때 넣으면 특별한 육수나 조미료 없이도 개운하고 시원한 맛을 낼 수 있어요.
3. 배를 요리에 넣으면 시원한 맛이 나면서 설탕이 없어도 단맛을 낼 수 있어요. 배가 없을 때는 사과나 키위 등 다른 과일로 대체해도 좋아요.

 **DOCTOR'S TIP**

바지락은 철분과 비타민B12가 풍부하여 빈혈 예방에 좋고 간 기능 강화에도 도움이 되어 술 마신 후 숙취를 해소하는 데 좋습니다. 아미노산의 일종인 타우린도 풍부하여 콜레스테롤 배출과 동맥경화 예방에 도움이 됩니다. 말린 바지락은 수분이 빠지면서 식감이 쫄깃해지고 아미노산과 비타민 미네랄 함량이 높아집니다.

DRY FOOD RECIPES
호박고구마 사과전
❀ 전 ❀

달콤한 맛이 좋은 호박고구마 사과전이에요. 호박씨가 들어가기 때문에 단맛과 함께 고소한 맛이 나는 것이 특징이에요. 아이들 간식으로 좋은 메뉴이며, 가정에서 손쉽게 만들어 먹을 수 있어요. 생크림 계피 캐러멜 양념은 미리 만들어서 보관해도 좋아요.

재료
호박고구마 1개, 사과 1개, 호박씨 1큰술, 달걀노른자 1개, 찹쌀 가루 4큰술, 부침가루 1/2컵, 포도씨유 4큰술, 설탕 약간, 소금 약간

양념 재료 (생크림 계피 캐러멜 양념)
계핏가루 1/2큰술, 황 설탕 14컵, 물 1/3컵 생크림 1/4컵, 다진 사과 2큰술, 버터 1/2작은술, 소금 약간

 만들기

1. 호박고구마는 껍질째 채 썰어 찬물에 담갔다가 물기를 제거한 후 건조한다.
   건조기능 70℃에서 8시간
2. 사과는 씻어서 껍질째 채 썰어 설탕물에 담갔다가 물기를 제거한 후 건조한다.
   건조기능 70℃에서 8시간
3. 분량의 부침가루, 찹쌀 가루, 달걀노른자, 소금, 설탕, 호박씨, 건조한 사과와 고구마를 넣고 반죽을 만든다.
4. 팬에 포도씨유를 두르고 호박고구마 사과전 반죽을 올려 부친다.
5. 분량의 재료를 넣고 만든 생크림 계피 캐러멜 양념을 곁들인다.

1. 육질이 노란색을 띠고 있는 고구마로 속노란 고구마, 꿀고구마로 불리기도 해요. 당도가 굉장히 높고 밤과 호박을 섞은 듯한 맛이에요.
2. 사과 속 펙틴이 정장작용을 해서 고구마를 먹으면 생기는 가스가 소화를 도와요. 그래서 사과와 고구마를 함께 섭취하면 좋아요.
3. 사과에는 에틸렌이라는 성분이 있어 다른 과일과 채소 등을 숙성시키는 작용을 해요. 사과는 신문지나 비닐에 포장해서 서늘한 곳에 보관하세요.
4. 전을 할 때 반죽에 찹쌀 가루를 조금 넣어주면 바삭하고 쫀득한 식감의 전을 먹을 수 있고, 재료와 반죽이 잘 어우러지는 효과까지 얻을 수 있어요.

고구마는 당근, 호박과 함께 3대 적황색 채소로 일본 도쿄의대 연구에 의하면 고구마의 발암 억제율이 98.7%로 항암 효과가 있는 채소 82종 중 으뜸입니다. 말리거나 익혀도 영양분의 파괴가 적고 항산화 성분은 특히 껍질에 많으므로 함께 먹는 게 좋으나 말릴 경우 칼로리가 높아지므로 너무 많이 먹지 않게 주의해야 합니다.
사과에서 가장 주목하는 성분은 식이섬유의 일종인 펙틴인데 포만감을 주고, 장운동을 항진시켜 변비를 막고, 다이어트에 도움이 되며, 독소 배출에도 효과적입니다. 건조시켜 껍질째 먹으면 안토시아닌과 펙틴의 함량은 더욱 높아집니다.

DRY FOOD RECIPES
말린 채소 잡채
❀ 무침 ❀

말린 채소 잡채를 만들 때 재료를 채 썰어서 활용하면 채소 면을 먹는 것과 같은 식감을 줄 수 있어요. 이때 활용하는 채소들의 수분 정도에 따라 식감이 달라지기 때문에 선호하는 정도로 말리세요. 바삭하게 말리면 칩처럼 활용할 수 있는데 먹기 직전에 양념처럼 뿌려 주면 좋아요.

재료

당면 100g, 당근 1/3개, 애호박 1/3개, 목이버섯 1장, 숙주 100g, 브로콜리 1/4개, 올리브유 4큰술, 간장 1큰술, 황설탕 1작은술, 물 2큰술, 소금 1큰술, 후추 약간

양념 재료 (느억짬 양념)

피쉬소스 1/2큰술, 설탕 1큰술, 레몬즙 2큰술, 다진 마늘 1/2작은술, 다진 고추 1/2작은술, 물 2큰술

 **만들기**

1. 당면은 1시간 불려 물기를 제거하고 간장과 물, 황설탕, 소금, 후추와 버무려 재운 후, 팬에 올리브유를 두르고 볶으며 익힌다.
2. 채 썬 당근과 애호박, 데친 숙주와 브로콜리는 건조한다.
   건조기능 60℃에서 5시간
3. 분량의 느억짬 양념 재료를 섞는다.
4. 그릇에 당면, 건조한 당근, 애호박, 숙주, 브로콜리와 물에 불린 목이버섯 그리고 3의 양념을 모두 넣고 섞는다.

 **HANNAH'S TIP**

1. 느억짬은 태국식 양념으로 태국식 비빔 쌀국수에 넣어 먹는 소스예요. 깔끔하고 상큼하며 매콤한 맛이 입맛을 돋워주지요.
2. 사람의 귀 모양과 비슷하다고 해서 이름 붙여진 목이버섯은 색이 짙고 두께와 크기가 일정하면서 살이 두툼한 것이 좋아요.
3. 숙주는 줄기가 굵고 흰 광택이 나면서 뿌리 부분이 투명한 것을 고르세요.
4. 브로콜리를 데칠 때 소금을 넣고 살짝 데치면 브로콜리 특유의 녹색을 선명하게 유지할 수 있어요. 수용성 비타민과 칼륨의 손실을 줄이기 위해 찬물에 헹구지 않고 그대로 식히는 것이 좋아요.

 **DOCTOR'S TIP**

초록색 호박에는 베타카로틴이 풍부하여 기름과 함께 볶으면 흡수율이 높아지고 면역력을 높이며 호흡기 점막을 보호하고 감기 예방에 효과적입니다. 애호박 씨에는 비타민E, 레시틴이 들어 있어 치매 예방, 피로 회복, 노화 방지에도 도움이 됩니다.

숙주는 콩이나 잡곡 종류를 물에 불려 발아시킨 새싹 채소로 피로 회복, 독소 배출에 효과적입니다.

목이버섯은 식이섬유가 풍부하고 철분, 칼륨, 칼슘, 비타민D가 들어 있습니다. 건조 과정을 거치면 영양 밀도가 매우 풍부해져 뼈 건강, 빈혈, 혈관 질환, 변비, 다이어트에 효과적인 식품입니다.

DRY FOOD RECIPES
풋마늘 미소된장 볶음
※ 볶음 ※

풋마늘은 건조하면 매운맛이 조금 빠지고 크기가 작아져요. 모든 채소는 건조하면 수분이 빠져나가면서 부피가 줄어들어요. 그래서 아삭하고 시원한 맛은 사라지게 되지요. 대신 깊은 맛과 향은 더욱 살아나는 게 특징이에요.

재료

풋마늘 150g, 밤 1알

양념 재료 (락교 미소 양념)
미소된장 1큰술, 굵게 다진 락교 3큰술, 다시 마 육수 1/2컵, 쯔유 1큰술, 다진 홍고추 1큰술, 참기름 1작은술, 깨소금 · 작은술, 매실청 1큰술

 만들기

1. 풋마늘은 깨끗이 씻어 한입 크기로 잘라 건조한다.
   건조기능 50℃에서 5시간
2. 밤은 껍데기를 벗겨 채 썬다.
3. 분량의 락교 미소 양념 재료를 섞는다.
4. 냄비에 3의 양념과 건조한 풋마늘, 채 썬 밤을 넣고 볶는다.

1. 1~5월이 제철인 풋마늘은 '아직 덜 여문 마늘'이라는 뜻으로 마늘의 어린잎이에요. 뿌리와 줄기 잎이 둥글고 두꺼우며 중간 정도 굵기가 좋아요.
2. 풋마늘은 기운을 보충하는 데 좋고, 특유의 향이 입맛을 돋게 해줘요. 그러나 더운 성질 때문에 금방 시들어요.
3. 미소는 일본식 된장으로 짤짝지근한 맛이 나요. 콩뿐만 아니라 보리, 쌀 등 여러 재료로 미소를 만들 수 있어요. 된장 양념이나 소스를 만들 때 미소를 사용하면 다양한 맛을 내면서 짠 맛을 줄일 수 있어요.

풋마늘은 마늘이 영글기 전에 수확하는 어린잎줄기인데 마늘의 매운맛을 내는 알리신 성분이 함유되어 기력을 보충하고 입맛을 살려줍니다. 마늘에 비해 맛이 달고 부드러워 훨씬 먹기 좋습니다. 알리신 성분은 항산화, 면역력 증가, 항암 효과도 기대할 수 있습니다. 비타민B군과 여러 생리 활성 성분이 함께 있어 신진 대사를 활발하게 하며 항균, 항산화 작용을 촉진시키는 효과가 있습니다.

DRY FOOD RECIPES

말린 전복 잣 볶음
※ 볶음 ※

말린 전복은 전복만으로도 풍미가 좋아요. 반건조 상태의 전복은 쫄깃함이 살아 있어서 볶았을 때 씹히는 맛이 일품이에요. 전복을 볶을 때 버터를 넣으면 더욱 맛깔스러워요. 전복 껍데기는 잘 말렸다가 그릇으로 활용하면 파티 음식으로도 손색이 없어요.

재료

전복 5마리, 깻잎 3장, 토마토 1/2개, 잣 20알, 버터 1큰술, 올리브유 1작은술, 레몬즙 1작은술, 후추 약간, 소금 약간, 검은깨 약간

양념 재료 (연겨자 잣 크림치즈 양념)

연겨자 1큰술, 크림치즈 3큰술, 다진 잣 2큰술, 우유 4큰술, 레몬즙 1작은술, 다진 통후추 1/2작은술, 말린 으레가노 3g, 소금 약간

 **만들기**

1. 전복은 굵게 썰어 레몬즙, 소금, 후추를 뿌리고 채친 후 건조한다.
   - 건조기능 60℃에서 4시간
2. 깻잎은 씻어 굵게 채 썰고, 토마토는 깍둑썰기한다.
3. 분량의 연겨자 잣 크림치즈 양념 재료를 섞는다.
4. 팬에 올리브유를 두르고 물에 불린 달린 전복, 트마토, 3의 양념을 넣고 볶는다.
5. 4에 깻잎을 넣어 볶는다.
6. 말린 전복 잣볶음을 그릇에 담고 잣과 깨를 뿌려 완성한다.

 **HANNAH'S TIP**

1. 전복 특유의 깊은 맛을 제대로 느낄 수 있는 내장에는 전복의 영양소가 밀집되어 있어요. 전복 내장은 회나 볶음용으로 사용되기도 하지만 바로 섭으로 먹는 것이 제일 좋아요. 바로 먹기 힘들 경우에는 소금에 절여 젓으로 만들어 먹어도 좋답니다.

2. 예로부터 잣은 불로장생, 신선의 식품으로 알려졌어요. 잣의 크기가 고르고 깨지지 않은 것이 고소한 맛이 강해요.

 **DOCTOR'S TIP**

전복은 고영양 해물류로 단백질 함량이 매우 높으며 타우린, 메티오닌, 시스테인, 아르기닌 등을 포함한 대표적인 아미노산으로 구성된 스태미나 식품입니다. 전복에는 피로 회복에 효과적이라고 잘 알려진 타우린이 어패류 중 최고로 많습니다. 혈압과 콜레스테롤을 낮추는 데 좋으며, 메티오닌과 시스테인은 피로 회복과 간 기능 개선에 효과적이라 간이 좋지 않은 사람, 애주가, 질병 후 회복기, 만성 피로 증상이 있는 사람에게 도움이 됩니다.
건조시킨 전복은 철분이 7배 증가하고, 단백질 함량도 4배 증가합니다.

DRY FOOD RECIPES
말린 닭가슴살 죽순 볶음
❊ 볶음 ❊

쫄깃하면서 매콤한 맛이 입맛을 살리는 요리예요. 술안주로도 잘 어울리며 제육볶음 양념을 넣어 사용해도 좋답니다. 같은 재료에 소스만 바꾸어도 전혀 다른 음식이 만들어진답니다. 특히 건조 음식은 소스가 들어가야 건조 음식 특유의 향을 잡을 수 있어요.

재료

닭가슴살 3개, 죽순 80g, 붉은 파프리카 1/2개, 참깨 1작은술, 고추 1개,
해바라기씨유 1큰술, 소금 약간, 후추 약간, 청주 약간

양념 재료 (생강 고추장 양념)

고추장 2큰술, 간장 1큰술, 다시마 육수 1/2컵, 참기름 1큰술, 다진 마늘 1작은술,
다진 파 1큰술, 생강 가루 1작은술, 물엿 2큰술, 설탕 1/2큰술, 소금 약간, 후추 약간

 만들기

1. 닭가슴살을 2cm 크기로 썰어서 끓는 물에 삶아 소금, 후추, 청주에 버무려 건조한다.

    건조기능 70℃에서 4시간

2. 죽순은 가로로 썰어 끓는 물에 삶아 건조한다.

    건조기능 70℃에서 7시간

3. 1의 건조한 닭가슴살은 물에 불리고, 파프리카는 먹기 좋은 크기로 썰고, 고추는 어슷썰기 한다.

4. 분량의 생강 고추장 양념 재료를 섞는다.

5. 팬에 해바라기씨유와 1의 닭가슴살과 건조한 죽순, 고추를 볶다가 4의 양념을 넣고 볶은 후, 깨를 뿌려 완성한다.

 **HANNAH'S TIP**

1. 닭가슴살은 살이 두텁고 윤기가 흐르며 탄력이 있는 것이 좋아요. 살이 너무 흰 것은 오래된 닭이므로 되도록이면 옅은 분홍빛이 나는 것을 고르세요.
2. 봄철이 제철인 죽순은 대나무의 새순을 일컫는데, 껍질이 벗겨진 것은 채취한 지 오래된 것이고 변색이 쉽기 때문에 껍질이 단단히 붙어 있는 것을 고르세요.
3. 죽순은 겉껍질을 벗기고 깨끗이 씻어 40분~1시간 정도 삶아서 사용하는데, 이때 쌀뜨물로 삶은 후 그대로 식혀서 사용하면 산화를 막고 떫은맛을 뺄 수 있어요.

 **DOCTOR'S TIP**

죽순은 식이섬유가 매우 풍부한 식품으로 말려서 먹으면 식이섬유 함량이 매우 높아집니다. 또한, 죽순에 들어있는 티로신은 에너지 대사를 원활하게 해주고, 칼륨을 비롯한 미네랄도 풍부하여 콜레스테롤을 떨어뜨리고 동맥경화, 고혈압, 성인병을 예방하는 데 효과적입니다. 풍부한 식이 섬유는 변비 예방과 다이어트에 좋으며, 우리 몸에 좋은 유산균의 먹이를 제공하여 면역력을 높이는 데도 효과적입니다. 생 죽순을 건조시키면 칼슘은 5배 올라가고, 철분 4배, 칼륨 5배, 리보플라빈과 나이아신도 2배 이상 높아집니다

DRY FOOD RECIPES
말린 냉이 콩가루 무침
❁ 무침 ❁

건조한 냉이는 음식을 할 때 그 향을 살리기 위해서 강한 양념보다는 가벼운 양념을 하는 것이 좋아요. 또한, 콩가루를 넣어서 무치면 담백한 말린 냉이 콩가루 무침을 먹을 수 있어요.

재 료

냉이 150g, 들깻가루 40g, 들기름 1작은술 소금 약간

양념 재료 (콩가루무침 양념)
콩가루 1컵, 들기름 1작은술, 가나리액젓 1큰술, 조청 1작은술

 **만들기**

1. 냉이는 손질하고 깨끗이 씻은 후, 뿌리가 두꺼운 것은 2~3등분해서 찜기에 찐 다음 건조한다.
    건조기능 45℃에서 5시간
2. 분량의 콩가루무침 양념 재료를 섞는다.
3. 볼에 2의 양념, 물에 불린 건조한 냉이, 들깻가루, 들기름을 넣고 무친다.

1. 봄나물인 냉이는 뿌리가 굵지 않고 질기지 않은 것이 좋아요. 잎이 짙은 녹색을 띠고, 향이 진하면서 잎과 줄기가 작은 것이 맛있어요.
2. 냉이는 쌉쌀하고 향긋한 맛과 향이 입맛을 돋워주고 춘곤증과 봄의 기운을 느낄 수 있게 하는 나물이에요.
3. 냉이를 손질할 때는 시든 잎을 떼어내고, 뿌리와 줄기 사이에 있는 흙과 잔뿌리를 제거한 후, 흐르는 물에 흔들어 씻어주세요.
4. 들기름은 참기름보다 고소한 맛이 더욱 풍부해서 나물 요리나 무침 요리에 사용하면 깊은 맛을 더해요.

냉이는 칼슘, 철분이 풍부하며 비타민A 함량이 높아 냉이 100g을 먹으면 하루에 필요한 비타민A의 1/3을 보충할 수 있습니다. 베타카로틴과 비타민C가 풍부하며 소화액 분비를 촉진해 위와 장을 튼튼하게 합니다.
냉이에는 단백질과 식이섬유, 미네랄과 함께 콜린, 타닌, 티라민은 물론 아스코르빈산, 푸마르산도 함유되어 피로 회복, 춘곤증에 좋습니다. 냉이에 들어 있는 콜린 성분은 혈압을 낮추고 뇌신경을 자극하여 뇌 기능을 활발하게 해주며, 콜린은 레시틴의 재료로 혈관의 동맥경화를 줄이고, 지방간을 낮추어줍니다.

Dry food recipes
강낭콩 표고 동그랑땡
❊ 전 ❊

강낭콩과 표고버섯을 활용한 동그랑땡으로 고기가 전혀 들어가지 않았어요. 표고버섯은 익히면 고기와 비슷한 식감을 내기 때문에 고기를 대체할 수 있는 좋은 식재료예요. 채소를 먹지 않는 아이들도 이렇게 동그랑땡으로 만들어주면 아주 잘 먹는답니다.

재료
강낭콩 1과 1/2컵, 표고버섯 10장, 다시맛가루 4큰술, 양파 1/4개, 청양고추 1개,
당근 1/4개, 통밀가루 1/2컵, 쿨 4큰술, 참기름 1큰술, 매실청 2큰술, 소금 약간,
후추 약간, 달걀 1개, 옥수수유 4큰술

양념 재료 (요거트 과카몰리 양념)
플레인 요거트 2큰술, 아보카도 2큰술, 다진 토마토 1큰술, 다진 청양고추 1/2큰술,
다진 양파 1큰술, 레몬즙 1/2큰술, 다진 고수잎 한줄기, 소금 약간, 후추 약간

 만들기

1. 표고버섯의 밑기둥을 제거하고 건조한다.
   건조기능 50℃에서 6시간
2. 푸드프로세서나 블랜더에 강낭콩, 물에 불린 건조한 표고버섯, 양파, 청양고추, 당근, 다시맛가루, 통밀가루, 물, 참기름, 매실청, 소금, 후추, 달걀을 모두 넣고 돌려 반죽을 만든다.
3. 팬에 옥수수유를 두르고 동그랑땡 반죽을 한입 크기로 올려 부친다.
4. 분량의 요거트 과카몰리 양념 재료를 믹서에 갈아서 곁들인다.

1. 6~7월이 제철인 강낭콩은 꼬투리가 마르지 않고 촉촉한 것이 신선해요. 강낭콩 알의 모양이 일정하고 윤기가 나며 고른 것이 좋아요.
2. 다시맛가루는 다시마를 바싹 말린 것을 갈아서 만든 가루인데, 밥이나 국 요리 등에 사용하면 별다른 조미료 없이 천연 재료의 깊은 맛과 함께 건강 요리를 만들 수 있어요.
3. 과카몰리는 아보카도를 주재료로 한 과자나 빵 등에 찍어 먹는 멕시칸 전통 소스예요. 아보카도는 가운데에 칼집을 넣고 좌우로 돌리면서 반으로 가르고 씨를 뺀 후에 사용해요.

표고버섯은 미국 식품의약청에서 10대 항암식품으로 꼽고 있으며, 일본 버섯 연구소에서 표고버섯 분말 실험을 통해 암세포 억제 효과도 증명했습니다. 표고버섯 속의 강력한 항바이러스 물질인 레티난은 면역 기능을 활성화하고 종양 증식 속도를 억제하여 실제로 항암 치료제로도 사용되고 있는 물질입니다. 표고버섯에는 세로토닌 합성에 중요한 역할을 하는 비타민B6가 들어 있어 정신 건강에도 도움을 줍니다. 표고버섯을 말리면 영양소 함량이 8~9배 정도 높아집니다.

말린 식품과 영양의 UP&DOWN

음식을 말리면 수분이 빠지면서 영양 밀도가 높아집니다. 그중에서도 대표적으로 상승하는 것이 식이섬유입니다. 특히 채소 종류는 어떤 것을 말리더라도 식이섬유가 상당히 많아집니다. 식이섬유는 탄수화물, 단백질, 지방, 비타민 등과 함께 신체 건강에 꼭 필요한 영양소입니다. 식이섬유는 대장 운동을 항진시키고 독소나 콜레스테롤을 배출시키며 대장 점막에서 독소와 접촉 시간을 줄여 암을 예방해주는 효과가 있습니다. 또한 변비, 다이어트, 고지혈증, 당뇨병에도 효과가 있다는 연구가 잇달아 나오고 있습니다. 식이섬유는 소화, 흡수가 안 되기 때문에 오히려 장에 남아 각종 이로운 효과를 내는 것이지요. 음식을 말리는 방법은 식이섬유를 언제 어디서나 적절히 섭취할 수 있는 유익한 방법의 하나입니다.

Q 식품을 말리면 그밖에 어떤 영양소가 많아지나요?

A 식이섬유 외에도 음식을 말리면 다양한 영양의 이로움을 취할 수 있습니다. 단백질, 비타민A, 비타민D, 칼슘, 필수지방산, 아연, 항산화 성분 등이 대표적입니다.

단백질

식이섬유 외에도 다양한 영양분의 함량이 바뀝니다. 특히 식품을 말리면 영양 손실은 없이 단위 무게 당 단백질의 함량이 월등히 높아집니다. 대표적인 식재료는 버섯 종류와 생선, 해조류이며 단백질을 포함한 채소도 그 밀도가 높아집니다. 단백질의 함유량이 높아지고 수분이 빠지면서 식감도 달라지는데 대체로 맛이 깊어지고 쫄깃해집니다. 특히, 어패류는 말리고 나면 비린내가 사라지고 생선살 자체 효소가 단백질을 아미노산으로 분해하므로 감칠맛이 늘고, 살은 더욱 탄탄해져 쫄깃한 맛이 풍성해집니다.

비타민A, 비타민D

말린 식품을 좋은 기름을 사용하여 조리하면 비타민A와 베타카로틴의 흡수율이 높아져 더 높은 영양 효능을 기대할 수 있습니다. 질겨서 많이 먹기 힘든 식재료나 반대로 너무 쉽게 무르는 식재료는 살짝 갈리면서 이러한 성질이 줄어 열을 가해도 쉽게 뭉그러지지 않아 식재료 본연의 영양 성분을 충분히 얻을 수 있습니다. 특히, 비타민D는 말린 식품에서 상당히 많이 상승되는데, 버섯은 말리면 비타민D가 9배까지도 상승합니다.

칼슘

칼슘은 우리 몸속에 가장 많은 미네랄로 전체 체중의 1.5%를 차지합니다. 혈액의 칼슘 농도를 정상적으로 유지하는 것은 신체의 정상적인 생리 기능에 매우 중요합니다. 또한, 충분한 칼슘을 섭취하지 않으면 성장이 문제가 생기고 골밀도가 저하됩니다. 현대인에게 부족하기 쉬운 칼슘은 식품을 통해 섭취하는 것이 가장 좋은데, 칼슘을 함유한 식품은 말려서 먹을 때 그 함량이 훨씬 높아집니다.

필수지방산

오메가3지방산의 충분한 섭취는 뇌 기능에 도움이 되고 무엇보다 심혈관 질환 예방에 효과가 있습니다. 몸에 좋은 지방산을 함유한 식품은 특히 말렸을 때 그 함량이 높아집니다. 이런 지방산은 등푸른생선에 많은데, 비린내를 싫어하거나 바로 구입해 먹기 힘들다면 말려서 먹는 방법이 좋습니다. 비린내도 사라지고, 손쉽게 먹을 수 있어 충분한 영양 공급에 도움이 됩니다.

항산화 성분

항산화 영양소는 비타민A, 비타민C, 비타민E와 채소, 과일에 많이 들어 있는 피토케미컬 성분 등을 말합니다. 하지만 채소를 다듬고 조리하는 과정에서 항산화 성분이 너무 빨리 변해 버리기 때문에 섭취하기가 쉽지 않습니다. 과일이나 채소를 말리면 항산화 성분을 풍부하게 섭취할 수 있고 꾸덕꾸덕해지면서 식감도 부드럽고 쫄깃해져 더욱 먹기 좋아집니다.

part. 03

국·조림·구이 만들기

DRY FOOD RECIPES
홍합탕
* 국 *

홍합은 그 자체만 넣고 끓여도 매우 맛있어요. 말려서 먹으면 영양분이 더 풍부하지요. 홍합의 산란기인 늦봄에서 여름 사이에는 삭시토닌이라는 독소가 들어 있기 때문에 되도록 이 시기를 피해서 먹는 것이 좋아요. 이 시기에는 미리 건조한 홍합을 이용하면 시원하고 맛있는 홍합 요리를 즐길 수 있어요.

재료

홍합 300g, 양파 1/2개, 홍고추 1개, 청양고추 1개, 쪽파 2줄기, 청주 1큰술, 육수 5컵, 다진 마늘 1큰술, 소금 1/2큰술

육수 재료 (다시마 무 육수)
무 200g, 다시마(10×10cm) 1장, 건고추 1개, 통후추 5알, 물 8컵

 만들기

1. 홍합은 수염과 껍질을 제거하고 건조한다.
   건조기능 70℃에서 7시간
2. 다시마 무 육수를 끓인다.
3. 양파는 가로세로 1cm 크기로 썰고 홍고추, 청양고추는 어슷썰기 하며 쪽파는 송송 썬다.
4. 냄비에 육수 5컵과 3의 채소, 불린 건조한 홍합, 청주, 다진 마늘, 소금을 넣고 끓여 완성한다.

1. 홍합은 소금물에 헹궈 냉동 보관하거나, 살짝 데쳐서 1~2일 정도 냉장 보관할 수 있어요.
2. 홍합에는 칼륨 성분이 풍부하여 체내에 축적되어 있는 나트륨을 배출시키는 작용을 해요.
3. 다시마는 거무스름하고 육질이 통통한 것이 좋아요.
4. 다시마의 칼륨과 무의 비타민C가 혈관을 튼튼하게 하여 고혈압을 예방해줘요.

 **DOCTOR'S TIP**

홍합을 비롯한 어패류는 고단백 저칼로리 식품으로 다이어트, 피로 회복에 좋습니다. 우리 몸의 나쁜 콜레스테롤을 배출해주는 효과가 있는 타우린이 풍부한 웰빙 건강 식품입니다. 그뿐만 아니라 홍합은 알코올 분해 효소를 활성화하여 알코올 해독에 도움이 됩니다. 생 홍합일 때는 타우린의 함량이 900mg이었던 것이 말리면 2100mg으로 엄청나게 높아집니다. 그래서 간세포 재생을 도와 해장 국물로도 아주 좋습니다.

DRY FOOD RECIPES

나물 전골

❊ 전골 ❊

갖은 나물을 한번에 먹을 수 있는 나물 신선로는 영양의 균형이 뛰어난 음식으로 어린아이와 나이 많은 어른들에게도 좋아요. 특히, 아삭아삭하고 쫄깃한 질감 그리고 말린 대추 칩의 바삭함이 어우러져 다양한 맛을 느낄 수 있어요.

재료
표고버섯 3장, 애호박 50g, 도라지 30g, 고사리 30g, 당근 50g, 흰살 생선 200g,
소고기 200g, 달걀 3개, 육수 3컵, 밀가루 8큰술, 참기름 1작은술
다진 마늘 1작은술, 소금 1/2큰술, 후추 1/4작은술, 쑥갓 약간, 대추 칩 약간

육수 재료 (양지 육수)
물 6컵, 양지머리 150g, 대파 1개, 마늘 5쪽, 청주 1큰술, 통후추 5알, 태국고추 2개

 만들기

1. 분량의 재료를 모두 넣고 끓인 후 걸러서 양지 육수를 만든다.
2. 채 썬 애호박, 도라지, 고사리는 소금과 후추로 밑간을 하고, 참기름과 다진 마늘을 넣고 각각 볶은 후에 건조한다.
   건조기능 70℃에서 6시간
3. 소금, 후추, 다진 마늘로 밑간을 한 흰살 생선과 소고기는 밀가루와 달걀 물을 묻혀서 팬에 지져낸다.
4. 표고버섯은 굵게 채 썰고, 당근과 황백지단은 직사각형 모양으로 썬다.
5. 냄비에 3을 깔고 달걀지단, 당근, 표고버섯을 둘러 담은 후 2의 나물, 대추 칩, 쑥갓을 올리고 육수를 부어 끓이다가 소금, 후추로 간을 한다.

1. 애호박은 표면이 고르고 꼭지가 신선한 상태로 달려 있는 것이 좋으며, 손으로 눌러보았을 때 탄력이 있는 것이 좋아요.
2. 호박은 저칼로리 식품으로 섬유소와 비타민, 미네랄이 풍부해서 다이어트에 좋은 재료예요.
3. 애호박은 보통 나물이나 된장찌개에 많이 이용해요.
4. 도라지는 비교적 잔뿌리가 많고 원뿌리로 갈라진 것을 고르며, 껍질을 벗기지 않고 신문지에 싸서 서늘하고 바람이 잘 통하는 곳에서 보관하세요.

초록색 호박은 베타카로틴이 풍부하여 면역력을 높이며 호흡기 점막을 보호하고 감기 예방에 효과적입니다. 애호박 씨에는 비타민E, 레시틴이 들어 있어 치매 예방, 피로 회복, 노화 방지에 도움이 되어 함께 말려서 먹으면 좋습니다.

말린 도라지는 인삼의 효능을 내는 성분인 사포닌이 들어 있어 가래를 줄이고 항염증, 소화 기능 개선, 면역력 증진, 순환 개선에 도움이 됩니다.

고사리는 식이섬유가 매우 풍부한 채소라서 포만감을 주며 장운동을 활발하게 하여 변비를 막고, 독소를 배출하며 혈당을 안정시키는 데 효과적입니다.

DRY FOOD RECIPES
두부 전골
✿ 전골 ✿

맑은 국물이 깔끔한 두부 전골이에요. 말린 두부는 전골로 좋지만 양념장의 양을 늘려 간을 강하게 해서 반찬으로 만들 수도 있어요. 말린 두부는 단단해지기 때문에 모양을 만들기도 좋답니다.

재료
두부 1/2모, 다진 소고기 100g, 표고버섯 2개, 당근 1/3개, 양파 1/2개,
데친 미나리 10g, 청고추 1개, 홍고추 1개, 육수 4컵, 소금 약간

육수 재료 (다시마 육수)
다시마(10×10cm) 1장, 물 5컵

소스 재료 (매실 간장 소스)
진간장 2큰술, 다진 마늘 1/2작은술, 다진 파 1/2작은술, 매실청 1/2큰술,
설탕 1/4작은술, 참기름 1작은술, 참깨 1/2작은술, 다진 홍고추 1큰술

 만들기

1. 분량의 물에 다시마를 넣고 하루 동안 불려서 육수를 만든다.
2. 두부는 1cm 두께로 썰어 건조한다.
   건조기능 70℃에서 7시간
3. 양파와 표고버섯은 4등분, 당근은 반달 모양, 청고추와 홍고추는 어슷썬다.
4. 다진 소고기는 분량의 재료를 섞어 준비한 매실 간장 소스에 재워둔다.
5. 불려준 말린 두부 사이에 4를 넣고, 데친 미나리로 감싼다.
6. 냄비에 3의 채소를 둘러 담고 5의 두부를 얹은 뒤 미나리와 청고추, 홍고추를 얹고 육수에 매실 간장 소스를 넣어서 끓이다가 소금으로 간을 한다.

 **HANNAH'S TIP**

1. 두부를 오래 보관해야 할 때는 물에 담근 후, 소금을 뿌려 놓으면 좋아요.
2. 미나리는 녹색이 선명하고 줄기가 굵지 않고 잎 길이가 비슷한 것을 고르세요.
3. 미나리를 보관할 때는 신문지에 싸서 냉장고에 세워서 보관하는 것이 좋아요.
4. 말린 표고버섯이 생 표고버섯보다 향이 더 좋아요.

 **DOCTOR'S TIP**

두부는 콩보다 소화 흡수율이 높기 때문에 소화가 잘되어 콩이 가진 영양분을 더욱 잘 받아들일 수 있습니다. 열량이 적고 아미노산이 풍부하며 철분, 칼슘도 많은 두부에는 여성 호르몬 유사 성분인 이소플라본이 들어 있어 피부 탄력, 풍성한 모발에도 효과가 좋습니다.
말린 두부는 식감이 쫄깃해지고 풍미가 깊어지며 영양 밀도가 높아집니다. 두부에 들어 있는 영양 성분과 함께 면역력에 좋은 베타글루칸이 풍부한 표고버섯을 함께 먹으면 항암 효과도 기대할 수 있습니다.

DRY FOOD RECIPES
전복 파프리카 조림
❋ 조림 ❋

보통 전복은 삶거나 구워서 먹어요. 그러나 조림으로 만들어서 먹어도 맛깔스러워요. 전복은 날것을 건조하는 것보다 익혀서 건조해야 요리하기 좋아요. 전복과 파프리카 자체의 맛이 훌륭하기 때문에 소스의 맛과 간은 강하지 않은 것이 좋아요.

재료

전복 4마리, 빨간 파프리카 1/2개, 노란 파프리카 1/2개, 피망 1/4개, 마늘 3쪽, 버터 1/2큰술

소스 재료 (자몽 화이트와인 소스)

올리브유 1큰술, 자몽청 1큰술, 화이트와인 1큰술, 설탕 1/4작은술, 소금 1/2큰술

 **만들기**

1. 전복은 손질해서 익힌 후 한입 크기로 잘라서 건조한다.
   - 건조기능 70℃에서 6시간
2. 건조한 전복은 물에 불린다.
3. 파프리카와 피망은 한입 크기로 썰고 마늘은 편 썰기 한다.
4. 분량의 자몽 화이트와인 소스 재료를 섞는다.
5. 팬에 버터를 두르고 마늘과 2의 전복, 3의 채소들, 4의 양념장을 넣고 센 불에서 졸인다.

 **HANNAH'S TIP**

1. 전복은 광택이 있고 탄력이 있는 것이 좋아요. 비타민B1, 비타민E12, 인, 칼슘 등이 풍부해서 출산 후 산모의 젖이 나오지 않을 때 먹으면 도움이 되며, 피부 미용과 원기 회복에 좋아요.
2. 파프리카는 고유의 색상이 선명하고, 꼭지 부분이 마르지 않은 것이 좋아요.
3. 파프리카에는 비타민A의 성분이 베타카로틴 형태로 존재하기 때문에 기름에 살짝 볶아 먹는 것이 흡수율을 높여요.
4. 파프리카는 물기가 있으면 상하기 쉬우므로 물기를 제거하고 난 후, 비닐백에 담아서 보관해요.

 **DOCTOR'S TIP**

'바다의 산삼'인 전복은 고단백 식품입니다. 타우린, 메티오닌, 시스테인, 아르기닌 등의 아미노산이 풍부하여 피로 회복에 좋고 혈당 안정화, 기력 회복, 간 기능 개선에 좋습니다.

전복에 부족한 것이 바로 비타민C, 항산화 성분, 식이섬유인데 다양한 컬러의 파프리카에는 비타민C와 항산화 성분이 많기 때문에 리코펜, 베타카로틴, 엽록소 등의 영양분을 보충할 수 있습니다. 그래서 파프리카를 전복과 함께 섭취하면 피부 미용, 노화 방지, 면역력 증진, 성인병 예방, 암 예방, 스태미나 증진에 더없이 좋습니다.

DRY FOOD RECIPES

오징어 토마토 조림

❖ 조림 ❖

오징어 토마토 조림에는 반건조된 오징어를 이용하는 것이 더 좋아요. 반건조 오징어가 없다면 완전히 건조된 오징어를 물에 불려서 사용하는 것도 방법이에요. 비린 냄새를 제거하고 싶다면 오징어를 화이트와인이나 레몬즙을 넣은 물에 불려주면 비린 냄새를 잡을 수 있어요.

BON APPETIT

Homemade Cooking

LA PETITE CUISINE

재료
오징어 1마리, 방울토마토 100g, 브로콜리 30g, 마늘 3쪽, 바질 잎 3장, 올리브유 2큰술

소스 재료 (토마토 칠리소스)
토마토 2개, 양파 1/2개, 마늘 3쪽, 칠리소스 1큰술, 겨자소스 1큰술, 레몬청 1/2큰술, 설탕 1/4작은술

 만들기

1. 오징어는 손질 후 1.5cm 두께로 썰어 건조한다
   - 건조기능 70℃에서 4시간
2. 분량의 소스 재료를 믹서에 갈아 준비한다.
3. 방울토마토는 2등분, 브로콜리는 한입 크기, 마늘은 편 썰기 한다.
4. 냄비에 올리브유 2큰술을 넣고 불린 건조한 오징어와 마늘을 볶는다.
5. 4에 준비해둔 2의 토마토 칠리소스와 방울토마토, 브로콜리, 바질 잎을 넣고 졸인다.

 **HANNAH'S TIP**

1. 오징어는 7~11월이 제철이며 몸통이 유백색으로 투명하고 윤기가 나며 살이 탄력 있는 것이 신선해요.
2. 국산 오징어는 긴 다리가 굵고 흡반이 짧은 다리보다 2~3배 정도 커요.
3. 토마토는 7~9월기 제철이며, 붉은 빛깔이 선명하고 꼭지가 단단하며 시들지 않은 것이 좋아요.
4. 토마토는 햇볕이 들지 않고 통풍이 잘 되는 상온에서 보관하세요.
5. 딱딱하거나 질긴 거 싫다면 반 건조만 해도 좋아요.

 **DOCTOR'S TIP**

오징어는 양질의 고단백 식품으로 쌀을 주식으로 하는 우리나라 식단에 부족하기 쉬운 라이신, 트레오닌, 트립토판과 같은 아미노산을 제공합니다. 특히, 트립토판은 세로토닌의 원료가 되어 감정 조절을 위해 필요한 영양소이며, 집중력 향상과 신경 안정을 위해서 스트레스가 많은 수험생, 직장인에게 꼭 필요합니다. 오징어를 말리면 아미노산 함량이 더욱 높아져 기력과 안정을 주는 식재료가 됩니다.
여기에 빨간 영양제라고도 불리는 토마토를 곁들여 먹으면 리코펜 성분과 카로틴, 비타민C와 다양한 영양소가 들어 있어 오징어만으로는 부족하기 쉬운 영양 성분을 채워 줍니다.

DRY FOOD RECIPES
대구탕
❀ 국 ❀

맑은 국물의 대구탕은 맛이 진하고 깔끔한 것이 특징이에요. 말린 대구는 탕으로 만들어도 좋지만 구수한 조림을 만들거나 말린 대구 살을 찢어서 무침을 해도 좋아요. 미리 대구를 말려 놓고 다양한 반찬을 만들어보세요.

 **재료**
대구 1마리, 무 150g, 청양고추 1개, 두부 1/2모, 육수 5컵, 미나리 한 줌, 다진 마늘 1큰술, 소금 1큰술

육수 재료 (대구 뼈 육수)
대구 뼈 100g, 다시마(5×5cm) 1장, 양파 1/4개, 대파 한줄기, 통후추 5알, 화이트와인 2큰술, 물 8컵

 **만들기**

1. 분량의 육수 재료를 넣고 대구 뼈 육수를 만든다.
2. 대구는 손질해서 찐 다음 건조한다.
   건조기능 50℃에서 4시간
3. 두부와 무는 1cm 두께로 썰고, 청양고추는 어슷썰기 하고, 미나리는 5cm 길이로 썬다.
4. 냄비에 무, 건조한 대구, 두부, 미나리, 청양고추 순으로 올린 다음, 육수를 붓고 다진 마늘, 소금을 넣고 끓인다.

 **HANNAH'S TIP**

1. 대구는 껍질에서 광택이 나고 비늘이 단단하게 붙어 있으며, 아가미가 붉은 것이 신선해요.
2. 쑥갓은 잎이 푸르고 싱싱하며 광택이 있는 것이 좋아요.
3. 미나리는 갈증을 풀고 머리를 맑게 해 주는 효능이 있으며, 몸속의 나쁜 물질을 배출하는 데 도움이 돼요.

 **DOCTOR'S TIP**

흰살 생선의 대표급인 대구는 지방 함량이 매우 낮아 담백하며 글리신, 글루탐산 등 아미노산이 풍부하여 시원하고 비린 맛이 별로 없습니다. 고단백 식품으로 다이어트에도 좋고 이유식, 환자식, 노인식으로도 좋습니다. 대구는 살이 부드럽고 잘 상하기 때문에 말려서 먹으면 보관도 쉬워지고 부드러운 살은 쫄깃해지면서 식감이 풍부해집니다.
쑥갓에는 벤즈알데하이드 성분이 특유의 향을 내며 식욕을 높이고 위장 운동을 도와줍니다. 대구탕은 대구에 부족한 식이섬유와 비타민C를 쑥갓이 보충해주며, 쑥갓에 부족한 비타민D와 단백질을 대구가 보충해주어 영양 면에서 아주 조화로운 요리입니다.

DRY FOOD RECIPES

조기 고추장 양념구이
❋ 구이 ❋

생선은 말려서 반찬으로 만들어 먹기에 가장 좋아요. 다만 말릴 때는 내장과 아가미를 제거하고 말려야 부패를 막고 깨끗하게 말릴 수 있어요. 냉동 생선보다 생물을 말려야 음식의 맛이 좋답니다. 말린 생선으로 양념구이를 할 때는 간이 배는 속도가 느리기 때문에 양념을 여러 번 발라서 굽거나 양념에 재웠다가 굽는 것이 좋아요.

재료 조기 2마리, 미나리 잎 한줄기, 진간장 1큰술, 들기름 1큰술

양념 재료 (곶감 고추장 양념)
반건시 1개, 고추장 2큰술, 와사비 1/2작은술, 고춧가루 1작은술, 진간장 1/4작은술, 마늘 1쪽, 청주 1큰술, 설탕 1/2작은술, 들기름 1/2큰술

 만들기

1. 조기는 깨끗이 씻어 등에 칼집을 낸 후 건조한다.
   건조기능 50℃에서 6시간
2. 분량의 곶감 고추장 양념 재료를 믹서에 넣고 간다.
3. 들기름과 진간장을 섞어 준비한다.
4. 석쇠에 건조한 조기를 올린 후, 3을 발라가며 초벌구이를 한다.
5. 초벌구이한 조기에 2의 양념을 발라가며 2차 구이를 한다. 다 구워지면 미나리 잎 한줄기를 올려 마무리한다

1. 조기는 비늘이 은빛이며 살은 탄력 있는 것이 좋아요. 수입 조기는 배가 흰색인 데 비해 국산 조기는 배가 선명한 황색이에요.
2. 내장을 제거하고 보관해야 상하는 것을 막을 수 있어요.
3. 소금에 절이면 조기 젓갈도 만들 수도 있어요.

조기를 살짝 말려서 먹으면 단백질과 칼슘, 인, 철분, 나이아신이 높아집니다. 나이아신은 알코올 분해산물인 아세트알데하이드를 분해하여 과음 후 숙취 해소에 도움이 되고 콜레스테롤과 중성 지방을 낮추는 데 효과가 있어 해독과 혈관 영양에 좋습니다.

Dry food recipes

두부 신김치 청국장 찌개
❋ 찌개 ❋

먹다 남은 두부는 처치 곤란인 경우가 많아요. 이럴 때는 원하는 크기로 썰어서 말렸다가 반찬이나 찌개에 넣어 먹으면 좋아요. 얇게 썰어서 찌개에 넣으면 고기 같은 식감을 느낄 수 있어요. 말린 두부는 과자처럼 간식으로 즐겨도 아주 좋답니다.

재료
두부 1/2모, 신김치 1/4포기, 양파 1/4개, 팽이버섯 20g, 애호박 1/4개, 청국장 2큰술, 육수 4컵, 홍고추 1개, 대파 1/4개, 소금 1/4작은술

육수 재료 (디포리 무 육수)
디포리 20g, 무 300g, 대파 1/4개, 건고추 1개, 물 6컵

 **만들기**

1. 분량의 육수 재료를 넣고 디포리 무 육수를 만든다.
2. 두부는 2cm 주사위 모양으로 썰어 건조한다.
   건조기능 50℃에서 3시간
3. 신김치와 양파는 2cm 두께로 썰고, 애호박은 반달 모양으로 썰고 홍고추와 대파는 어슷썰기 한다.
4. 냄비에 신김치와 양파, 애호박, 청국장, 불린 건조한 두부, 팽이버섯, 소금을 넣고 육수를 부어 끓인다. 끓어오르면 홍고추와 대파를 넣고 한소끔 더 끓인다.

1. 청국장을 끓일 때는 묵은지나 신김치를 이용해야 청국장 특유의 냄새를 잡으면서 구수한 맛을 즐길 수가 있어요.
2. 청국장 찌개는 두부가 들어가야 맛이 더욱 좋아요. 콩으로 만든 두부와 청국장은 같은 식재료로 만들어진 것이기 때문에 맛이 매우 잘 어울려요.
3. 디포리나 멸치로 육수를 냈을 때는 굳이 돼지고기를 넣지 않고 만드는 것이 깔끔하고 좋아요.
4. 청국장만으로 간을 하려던 국들은 걸쭉해지고 간은 안 맞는 경우가 많아요. 이럴 때 소금을 약간 넣으면 깔끔하면서 깊은 맛의 청국장을 만들 수 있어요.

김치나 청국장은 발효식품으로 소화 흡수율이 낮은 콩의 흡수율을 높여주는 식품입니다. 생콩의 흡수율은 55% 정도이지만 된장은 85%, 청국장이 되면 98%까지 흡수율이 높아져 콩의 영양 성분을 대부분 먹을 수 있습니다. 발효 과정을 거치면서 바실러스균이 풍부해져 장 안에 유익한 균이 많아지게 돕습니다.
김치 또한 발효식품이지만 적당한 발효 시간이 지나면 유산균이 오히려 줄고, 많은 양을 먹으면 나트륨을 너무 많이 섭취할 수 있습니다.
여기에 칼륨이 풍부한 두부를 함께 먹으면 영양이 풍부해지면서 김치의 식이섬유는 높이고, 나트륨은 줄여 주어서 보완이 됩니다.

DRY FOOD RECIPES
방풍나물 쑥국
국

나물 종류는 보통 그냥 말리지만, 데치거나 삶아서 말리면 부서지지 않게 모양을 유지하면서 말릴 수 있어요. 만약, 칩을 만들려고 하는 경우에는 데치지 않고 양념에 재우기만 해서 말리는 것도 방법이에요. 나물은 미리 데쳤다가 말리면 국, 무침, 볶음 등으로 다양하게 활용할 수 있어요.

재료

방풍나물 30g, 쑥 20g, 느타리버섯 20g, 청양고추 1/2개, 된장 2큰술, 국간장 1작은술, 육수 5컵

육수 재료 (멸치 다시마 육수)

멸치 15g, 다시마(10×10cm) 1장, 물 8컵

 **만들기**

1. 분량의 육수 재료를 넣고 끓여서 멸치 다시마 육수를 만든다.
2. 방풍나물은 살짝 데쳐서 건조한다.
   - 건조기능 50℃에서 5시간
3. 쑥은 소금물에 살짝 데쳐서 건조한다.
   - 건조기능 50℃에서 5시간
4. 청양고추는 어슷썰기 하고 느타리버섯은 가닥가닥 찢는다.
5. 냄비에 육수를 넣고 된장을 푼 다음, 건조한 방풍나물, 쑥, 느타리버섯, 청양고추, 국간장을 넣고 끓인다.

1. 방풍나물은 단맛이 나는 나물로 4월에 나오는 어린순을 채취하여 먹어요. 두꺼운 줄기 부분은 떼어내고 다듬어서 말리면 활용하기 더욱 편해요.
2. 방풍나물은 바람을 맞고 자라 키가 크지 않고 억센 느낌이 있으며, 성질이 따뜻하고 한약재로도 사용돼요.
3. 쌉싸래하면서 특유의 맛과 향이 있기 때문에 향을 즐기면서 먹는 국에 활용하면 좋아요.
4. 하우스 재배보다 노지 재배된 당풍나물의 향이 더 진해요.

방풍나물은 바닷가 모래사장에서 자생하는 식물로 갯바람을 이겨내고 자랐다 하여 이름 지어졌습니다. 반면, 중풍을 막는 나물로도 알려져 있지요. 식이섬유가 풍부하여 장운동을 항진시키고, 독소 배출에 효과적이며 항염증 효과가 있고 근육통, 두통, 신경통 등의 통증을 완화시켜주는 효과가 있습니다.
쑥은 베타카로틴이 아주 많은 식품으로 점막의 기능을 강화시키고 항암 효과도 기대할 수 있습니다. 쑥은 지방 연소를 도와 다이어트에 효과적이며 칼슘 함량이 높아 골다공증에도 좋습니다. 비타민A가 들어 있어 시력을 보호하고, 엽록소와 비타민C가 피부 트러블을 줄이고 피부에 활력을 줍니다.

DRY FOOD RECIPES
말린 호박 미소된장국
❖ 국 ❖

일본 된장인 미소가 들어가는 국은 오래 끓이지 말고 부르르 한 번 끓으면 불을 끄는 것이 좋아요. 그래서 이때 사용하는 식재료들은 익히지 않아도 먹을 수 있는 재료이거나 혹은 금방 익는 재료를 사용해야 해요. 늙은호박은 된장과 잘 어울리는 재료로 미소된장뿐만 아니라 우리나라 된장국을 끓일 때도 활용해보세요.

재료
늙은호박 100g, 미역 20g, 두부 1/2모, 실파 3줄기, 미소된장 2큰술, 육수 5컵, 다진 마늘 1/2큰술, 소금 약간

육수 재료 (멸치 가츠오부시 육수)
멸치 15g, 다시마(3×3cm) 2장, 가츠오부스 30g, 물 6컵

 만들기

1. 분량의 육수 재료를 넣고 멸치 가츠오부시 육수를 만든다.
2. 늙은호박은 1cm 두께로 썰어 데친 후 건조한다.
   🔲 건조기능 70℃에서 4시간
3. 불린 미역과 두부는 한입 크기로 썰고 실파는 송송 썬다.
4. 냄비에 1의 육수와 미소된장을 풀고, 2의 불린 건조한 늙은호박, 3의 미역, 두부 그리고 실파와 다진 마늘, 소금을 넣고 끓인다.

 **HANNAH'S TIP**

1. 말린 늙은호박을 이용해서 국을 끓이면 천연의 단맛이 나면서 맛은 더욱 깊어지는 것이 특징이에요. 다른 첨가물을 넣지 않아도 감칠맛이 살아나요.
2. 늙은호박은 껍질이 윤기가 있고, 단단한 것이 좋아요.
3. 늙은호박은 반으로 잘라서 씨를 파내고 껍질을 벗겨서 사용해요. 손질 이후에는 건조해서 보관하면 상하지 않고 오래 두고 먹을 수 있어요.

 **DOCTOR'S TIP**

늙은호박은 미국의 식품, 인처 노화 분야의 권위자인 스티븐 플랫 박사가 소개한 14가지 '슈퍼 푸드' 중 하나로 선정된 음식입니다. 칼륨, 레시틴, 비타민A, 비타민C, 비타민E, 항산화 성분, 식이섬유가 풍부하며 칼로리가 높지 않은 식품으로 피부 노화 방지, 피부 미용에 좋습니다.

늙은호박을 말리면 단맛이 증가하면서 쫄깃한 식감이 풍부해집니다. 베타카로틴이 풍부하여 호흡기 점막의 면역력을 높여주고, 탈모 예방에도 좋으며 피부를 촉촉하고 탄력 있게 하는데 말렸을 때 그 효과가 더 커집니다.

DRY FOOD RECIPES
느타리버섯 강된장 찌개
❁ 찌개 ❁

버섯을 말리면 오징어채처럼 쫄깃해져서 요리하면 더 맛있어요. 말린 버섯은 반찬을 만들 때는 불려서 사용하고 찌개나 국을 만들 때는 그냥 넣어 끓이면 돼 편리해요. 말린 버섯으로 찌개나 국을 끓이면 버섯의 향이 강해지고 더 깊은 맛이 나는 게 특징이에요.

재료
느타리버섯 100g, 우렁이 50g, 양파 1/4가, 애호박 1/4개, 청양고추 1개, 두부 1/4모, 육수 2컵, 참기름 1작은술

육수 재료 (멸치 육수)
멸치 10g, 양파 1/4개, 물 4컵, 대파 1/2개, 통후추 5알

양념 재료 (강된장 매실 양념)
된장 2큰술, 고춧가루 1큰술, 매실청 1큰술, 다진 마늘 1큰술, 다진 파 1작은술, 국간장 1작은술, 설탕 1/4작은술

 만들기

1. 분량의 육수 재료를 넣고 멸치 육수를 만든다.
2. 느타리버섯은 가닥가닥 찢어 건조한다.
   건조기능 70℃에서 4시간
3. 애호박은 반달 모양으로 썰고 양파, 두부는 0.5cm 주사위 모양으로 썰며 청양고추는 어슷썰기 한다.
4. 분량의 강된장 매실 양념 재료를 섞는다.
5. 냄비에 참기름을 두르고 우렁이와 3의 채소, 4의 양념을 넣고 볶는다.
6. 5가 어느 정도 익으면 육수와 두부를 넣고 끓여 완성한다.

 **HANNAH'S TIP**

1. 느타리버섯은 갓의 표면이 회색빛이 돌며, 갓 뒷면의 빗살무늬가 뭉그러지지 않고 선명하며 흰빛을 띠는 것이 신선해요.
2. 느타리버섯은 연해서 금방 물러지기 때문에 물기가 없는 상태에서 랩이나 신문지에 싸서 냉장 보관하는 것이 좋아요.
3. 양파와 잘 어울리기 때문에 느타리버섯을 이용한 요리에 양파를 같이 넣으면 좋아요.
4. 강된장은 염분이 많기 때문에 한꺼번에 많은 양을 넣지 말고 조금씩 조절하면서 넣으세요.

 **DOCTOR'S TIP**

느타리버섯은 베타글루칸과 키틴질이 풍부하여 항암 효과가 높은 값싼 영양식품입니다. 에너지 대사를 돕는 비타민B1, 비타민B2, 판토텐산이 버섯류 중에서도 특히 많습니다. 표고버섯과 마찬가지로 비타민D가 풍부하여 면역력을 높이고 칼슘 흡수를 도우며, 말렸을 때 그 효능은 매우 높아집니다. 식이섬유도 풍부하여 콜레스테롤 배출을 도와 동맥경화를 예방하고, 장운동을 좋게 하여 변비를 줄이고, 독소 배출에 효과적입니다.

DRY FOOD RECIPES
돼지고기 무 버섯 조림
❀ 조림 ❀

무는 말리면 특유의 냄새가 생기는데 육수와 양념장에 들어가는 향신료와 채소들이 그 향을 잡아줘요. 그래서 쫄깃한 식감과 무 특유의 달콤한 맛만 남는 것이 이 조림의 특징이에요. 수육처럼 부드럽고, 짭조름하면서 달콤한 간이 매력인 돼지고기 조림이랍니다.

재료

돼지고기(삼겹살) 250g, 무 500g, 새송이버섯 2개, 마늘 7쪽, 육수 2컵, 파채 한 줌

육수 재료 (양파 육수)
양파 1/4개, 대파 1/2개, 월계수 잎 2장, 통후추 3알, 청주 1큰술, 물 4컵

소스 재료 (골드키위 데리야끼 소스)
골드키위 1개, 간장 1/2컵, 아가베 시럽 1/4컵, 청주 2큰술

 만들기

1. 분량의 육수 재료를 넣고 돼지고기를 삶아 체에 거른다.
2. 무는 한입 크기로 썰어 건조한다.
   🔲 건조기능 70℃에서 6시간
3. 새송이버섯은 한입 크기로 썰고, 마늘은 편 썬다.
4. 분량의 골드키위 데리야끼 소스 재료를 믹서에 넣고 간다.
5. 냄비에 1의 육수, 4의 양념, 마늘, 한입 크기로 썬 돼지고기, 건조한 무, 새송이버섯을 모두 넣고 끓인다. 완성되면 파채를 올려 마무리한다.

 **HANNAH'S TIP**

1. 돼지고기는 선명한 색으로 윤기가 있는 것이 좋아요.
2. 살코기는 담홍색으로 두툼해야 하며, 지방은 하얀색으로 탄력이 있고 끈기가 있는 것이 좋아요.
4. 고기의 지방은 모두 제거하지 말고 적당히 남겨두어야 조리했을 때 더욱 맛있는 음식을 먹을 수 있어요.
5. 무의 흰 부분은 시원하고 매운맛이 강해요. 녹색 부분은 단맛이 강하기 때문에 완성될 요리의 맛을 미리 생각하고 부위를 선택하세요.

 **DOCTOR'S TIP**

우리가 흔히 먹는 무의 효능은 산삼에 버금갈 정도입니다. 무는 비타민C가 풍부한데 껍질에 2배 이상 많습니다. 또한, 무에는 식이섬유가 풍부하여 장 내 노폐물을 제거하고, 변비에도 좋으며, 혈액 내 혈당 변동 폭을 줄이고 콜레스테롤을 낮추어 당뇨 예방과 동맥경화 예방에도 좋습니다.

무의 약간 아린 맛을 내는 시니그린 성분은 초록색 부분에 많이 들어 있으며, 기관지를 강화시켜서 가래를 줄이고 점막을 튼튼하게 하는 역할을 합니다. 또한, 무에는 소화 효소가 많아 천연 소화제라고 불리며, 소화 능력이 떨어지는 노인이나 산모, 질병을 회복할 때 먹으면 좋습니다.

DRY FOOD RECIPES
북어 양념구이
❋ 구이 ❋

보통 생선 구이의 양념은 고추장을 사용하는 경우가 많은데, 맵고 자극적인 맛이 생선 특유의 감칠맛을 해칠 수 있어요. 이럴 때는 된장을 이용해서 양념을 만들면 담백한 감칠맛을 느낄 수 있답니다. 맵지 않아서 아이들도 쉽게 먹을 수 있어요.

재료

명태 1마리, 참기름 1큰술, 간장 1작은술, 다진 쪽파 1큰술

양념 재료 (미소된장 겨자 마늘 양념)
미소된장 1작은술, 다진 마늘 1큰술, 겨자 1/2큰술, 청주 2큰술, 참기름 1큰술, 후추 1/4작은술

 만들기

1. 명태를 손질한 뒤 건조해 북어를 만든다.
   - 건조기능 70℃에서 5시간
2. 분량의 재료를 섞어 미소된장 겨자 마늘 양념을 만든다.
3. 간장과 참기름을 섞어 준비한다.
4. 북어에 3의 재료를 발라 초벌구이한다.
5. 4의 북어에 2의 양념을 발라가며 한번 더 굽는다.

1. 북어는 부풀어 더덕처럼 다르고 색은 누렇고 살이 연한 것이 좋은 북어예요.
2. 북어 양념구이는 양념이 잘 배기 하고 살을 찢어서 먹을 때 부드러우면서도 쫄깃한 식감을 살리는 것이 중요해요. 그러기 위해서는 물에 불리거나 양념에 미리 재워두었다가 굽는 것이 좋은데 만약에 그럴 수 없다면 북어를 두들겨 준 다음에 양념을 여러 번 발라서 구워보세요.

명태를 말린 북어는 상품으로도 판매하고 있지만, 가정에서 직접 달리면 더욱 좋은 영양 식재료를 만들 수 있습니다. 명태는 지방이 적고 아미노산이 풍부한 생선으로, 말릴 경우 단백질 함량이 매우 높아집니다. 100g당 단백질 함량이 명태의 경우 17.5g이었던 것이 북어가 되면 61.7g으로 크게 증가하며 칼슘, 인, 철분은 2배 이상, 칼륨은 3배 정도 증가합니다.
특히, 숙취 해소로 효과적인 북어는 손상된 간을 보호할 수 있는 아스파르산, 글루탐산, 글리신, 알라닌, 메티오닌, 트립토판, 라이신 등의 함량이 명태보다 4~5배 풍부합니다.

DRY FOOD RECIPES
가지 닭고기 조림
❋ 조림 ❋

튀긴 요리라서 느끼한 맛이 날 수 있는데, 유자를 넣은 굴 소스를 곁들이면 상큼하게 먹을 수 있어요. 유자 굴 소스 대신에 탕수육 소스를 만들어서 사용해도 좋아요. 말린 가지는 쫄깃한 식감이 나니 원래 가지 특유의 물컹한 식감이 싫으면 말려서 요리해보세요.

 **재료**

가지 2개, 닭다리살 2개, 홍피망 1/4개, 청피망 1/4개, 표고버섯 1개, 녹말 가루 2큰술, 마늘 2쪽, 달걀 1개, 소금 약간, 올리브유 3큰술

소스 재료 (유자 굴 소스)
굴 소스 3큰술, 다진 유자청 1큰술, 레몬즙 2큰술, 식초 1작은술

 만들기

1. 가지를 한입 크기로 썰어 건조한다.
   건조기능 70℃에서 6시간
2. 분량의 유자 굴 소스 재료를 섞는다.
3. 홍피망과 청피망, 표고버섯은 한입 크기로 썰고, 마늘은 편 썬다.
4. 분량의 녹말 가루, 달걀, 소금, 올리브유를 섞어서 튀김 반죽을 만들어 닭다리살과 버무린다.
5. 4의 반죽을 180℃ 기름에 2번 튀긴다.
6. 팬에 올리브유를 두르고 썰어놓은 건조한 가지, **3**의 채소, **5**의 튀긴 닭다리살, **2**의 소스를 넣고 볶는다.

 **HANNAH'S TIP**

1. 가지는 색이 선명하고 윤기가 있으며, 구부러지지 않고 모양이 바른 것이 좋아요.
2. 가지 특유의 물컹물컹한 식감이 싫다면 건조해서 먹으면 좋아요.
3. 가지는 과육 표면이 스펀지와 같은 역할을 하기 때문에 소스를 매우 잘 흡수해요. 그래서 소스의 간을 짜게 하면, 완성된 요리의 간이 강해질 수 있으니 주의하세요.
4. 닭고기는 얼리면 그 맛이 떨어지기 때문에 신선한 상태에서 바로 먹는 것이 좋아요.
5. 닭고기의 살은 분홍색을 띠고 껍질은 우윳빛을 띠는 것이 좋아요

 **DOCTOR'S TIP**

가지는 열량이 낮고 식이섬유와 칼륨, 항산화 성분이 풍부한 채소로 영양 호능도 높습니다. 특히 항산화 성분을 나타내는 보라색에는 안토시아닌과 레스베라트롤이 풍부한데 독소를 배출시키고, 동맥경화, 고혈압, 당뇨와 같은 성인병을 예방하며 활성 산소를 제거하여 항암 효과도 높은 성분입니다. 단 토시아닌 성분은 발암 물질인 벤조디렌, 아플라톡신, 탄 음식에서 나오는 발암 물질 등을 억제하는 효과가 브로콜리에 비해 2배나 높습니다. 그뿐만 아니라 클로로필, 아스피린보다 10배나 강한 소염, 살균 효과가 있습니다.

DRY FOOD RECIPES
고구마순 꽁치 조림
❀ 조림 ❀

살구가 들어간 양념장은 천연의 단맛이 나면서 깔끔한 맛을 내요. 이렇게 과일이나 채소에서 나는 자체의 단맛으로 양념이나 소스를 만드는 것이 건강에 좋아요. 꽁치 특유의 비린내는 향신 채소와 맛술을 이용해서 조리면 비린 맛을 잡을 수 있어요.

재료

고구마순 200g, 꽁치 2마리, 양파 1/2개, 쥬키니 1/2개, 육수 3컵, 참기름 1작은술

육수 재료 (생선 채소 육수)
생선뼈 50g, 양파 1/2개, 셀러리 1/2개, 통후추 3알, 월계수 잎 1장, 물 5컵

소스 재료 (살구 고추장 소스)
살구청 1큰술, 고추장 2큰술, 고춧가루 1큰술, 진간장 1작은술, 다진 마늘 1큰술, 다진 청양고추 1큰술, 다진 생강 1/4작은술, 청주 1/2큰술

 만들기

1. 고구마순은 껍질을 제거하고 데친 후 건조한다.
   건조기능 70℃에서 6시간
2. 분량의 재료를 넣고 생선 채소 육수를 만든다.
3. 꽁치는 씻어서 3등분하고, 양파와 쥬키니는 1cm 두께로 썬다.
4. 분량의 살구 고추장 소스 재료를 믹서에 간다.
5. 냄비에 말린 고구마순, 꽁치, 양파, 쥬키니 순으로 깔고, 살구 고추장 소스 절반과 육수를 붓고 조린다. 나머지 소스는 간을 보며 넣는다.

 **HANNAH'S TIP**

1. 꽁치는 작고 살이 통통하게 오른 것이 맛이 좋으며, 비타민B12가 풍부해서 알카리성 식품인 깻잎과 곁들여 먹으면 궁합이 좋아요.
2. 고구마순을 말릴 때는 껍질을 제거해야 부드럽게 먹을 수 있어요. 하지만 다시 익혀서 먹는 요리에 넣을 거라면 굳이 벗기지 않아도 돼요.
3. 살구는 색이 골고루 퍼져 있으며, 껍질에 상처가 없는 것을 고르세요.

 **DOCTOR'S TIP**

고구마순은 고구마 줄기를 말합니다. 말려서 말린 무청처럼 저장하여 먹으면 식이섬유도 풍부하고 칼륨, 비타민A, 베타카로틴, 칼슘, 철분의 영양 성분도 높아집니다. 특히 고구마순에 풍부한 비타민A는 지용성 비타민이라 기름과 함께 조리하면 영양 흡수율이 높아집니다. 몸에 좋은 참기름이나 살구씨 기름 등을 첨가해서 요리하면 훨씬 영양이 좋은 음식이 됩니다.
고구마순과 함께 꽁치를 요리하면 그 구마순에 부족한 양질의 단백질과 필수지방산, 오메가3지방산이 풍부해지면서 꽁치에 부족한 비타민과 식이섬유, 항산화 성분이 어우러져 식감과 맛뿐만 아니라 영양과 효능 면에서도 조화로운 요리가 됩니다.

DRY FOOD RECIPES

북어포 콩나물국

❁ 국 ❁

북어포로 국을 끓이면 시원한 맛이 일품이에요. 아침에 먹기에도 부담이 없고, 맑게 끓여서 소금 간을 줄이면 아기들에게 먹이기도 아주 좋답니다.

재료
명태 1마리, 콩나물 50g, 달걀 1개, 대파 1개, 청양고추 1개, 홍고추 1개, 국간장 1큰술, 참기름 1작은술, 육수 4컵, 소금 약간

육수 재료 (북어포 멸치 육수)
북어포 1/2개, 멸치 20g, 무 200g, 물 5컵

 만들기

1. 분량의 육수 재료를 넣고 북어포 멸치 육수를 만든다.
2. 명태를 손질한 뒤 건조하여 북어포를 만든다.
   - 건조기능 70℃에서 8시간
3. 달걀은 풀어서 달걀물을 만든다.
4. 콩나물은 깨끗이 씻어 체에 건져놓고 대파, 청양고추, 홍고추는 어슷썰기 한다.
5. 냄비에 참기름을 두르고 2의 북어포를 볶다가 콩나물, 육수를 넣고 끓인다. 끓어오르면 달걀 물을 푼다.
6. 5의 북어포 콩나물국에 청양고추, 홍고추, 대파 국간장, 소금을 넣고 한 번 더 끓인다.

 **HANNAH'S TIP**

1. 북어포를 비롯한 모든 생선 종류는 잘 말리지 않으면 비린내가 날 수 있어요. 특히 먼지나 여러 곤충들이 잘 꼬이기 때문에 건조기를 이용해서 말리는 것이 위생적이에요.
2. 북어는 빛이 누렇고 살이 연한 것이 좋으며 국이나 찜, 구이 등으로 많이 먹어요.
3. 콩나물은 줄기가 통통하고 잔뿌리가 적으며 무르지 않은 것이 좋아요.

 **DOCTOR'S TIP**

명태를 말려서 만든 식품이 북어이고, 특별히 건조한 식품이 황태입니다. 황태가 있다면 북어포 콩나물국에 북어 대신 황태포를 넣어 끓여도 아주 좋습니다.

추운 겨울날 바닷바람을 쐬고, 얼고 녹기를 여러 차례 반복하면서 건조시키면 부드럽고 쫀득한 황태가 됩니다. 이처럼 여러 번 반복하여 건조를 시키는 과정을 거친 황태는 북어에 비해서 수분이 적고 단백질 함량이 더 높아집니다. 황태는 간을 보호하는 메티오닌, 알라닌, 라이신 등의 아미노산이 풍부하여 알코올 대사를 신속하게 하므로 해장 음식으로 좋고, 간의 회복게 효과적인 식품입니다.

DRY FOOD RECIPES

말린 꽃게살 완자탕

❋ 국 ❋

꽃게살이 들어간 완자는 게의 풍미가 매우 많이 나는 어묵이라고 생각하면 좋아요. 어묵의 질감을 많이 내고 싶다면 전분의 양을 늘려주고 게살의 풍미를 강하게 즐기고 싶다면 전분의 양을 줄여주세요. 이렇게 만들어진 완자는 냉동실에 보관했다가 찌개나 국을 끓일 때 넣어주면 더욱 시원한 맛을 낼 수 있어요.

재 료

꽃게 2마리, 두부 1/4모, 조개 10개, 새우 3마리, 오징어 1/2개, 양파 1/4개,
당근 1/4개, 애호박 1/2개, 청양고추 1개, 쑥갓 20g, 대파 1/2개, 전분 2큰술,
달걀 1개, 소금 2큰술

육수 재료 (새우 육수)

건조한 새우 1컵, 양파 1/2개, 대파 1/2개, 건고추 1개, 물 7컵, 청주 1큰술

 **만들기**

1. 꽃게를 삶아 살만 발라낸 뒤 건조한다.

    건조기능 70℃에서 5시간

2. 분량의 육수 재료를 넣고 새우 육수를 만든다.
3. 건조한 꽃게살, 두부, 전분, 달걀, 소금 약간을 섞어 믹서에서 반죽한 후 완자를 만든다.
4. 오징어, 양파, 당근, 애호박은 1cm 두께로 썰고 고추와 대파는 어슷썰기 한다.
5. 냄비에 손질한 새우, 오징어, 양파, 당근, 애호박, 해물 순으로 깔고 완자, 대파, 고추, 쑥갓을 올린 뒤, 육수에 소금간을 해서 끓인다.

 **HANNAH'S TIP**

1. 꽃게살 완자를 만들 때 새우나 조개와 같은 해산물을 넣어서 만들면 더욱 맛있어요.
2. 만들어 놓은 완자는 냉동 보관했다가 다른 요리에 사용해보세요. 찌개나 국을 끓일 때 같이 넣으면 시원한 맛을 낼 수 있어요. 튀김옷을 입혀서 튀겨도 별미랍니다.
3. 게는 묵직하고 발이 빳빳한 것이 좋으며, 탄력이 있는 것을 고르세요.
4. 새우는 몸이 투명하고 윤기 나는 것과 껍질이 단단한 것이 좋으며, 국산 새우는 수입산 새우에 비해 꼬리가 연한 미색 바탕에 갈색 무늬가 있어요.

 **DOCTOR'S TIP**

꽃게는 타우린 성분이 풍부하게 들어 있어 콜레스테롤을 낮추는 효과가 있습니다. 필수아미노산을 비롯한 단백질 함량이 높지만, 칼로리가 높지 않아 다이어트에 좋고 면역력을 높이며 피로를 회복하는 데도 좋습니다. 단백질뿐만 아니라 비타민과 칼슘, 긴, 철분 등의 미네랄 함량도 높아 뼈를 튼튼하게 하고, 골다공증의 예방에도 효과적입니다.

꽃게는 단백질 함량이 매우 높고 나이아신, 아연, 엽산, 철분도 풍부하지만 식이섬유나 비타민C가 부족하므로 고추, 쑥갓, 애호박, 당근 등의 채소와 곁들이면 영양 궁합이 아주 좋습니다.

Dry Food Recipes
말린 더덕 찹쌀구이
❀ 구이 ❀

보통 더덕은 양념을 해서 구워 먹는 경우가 많은데, 강한 양념을 사용해서 조리를 하면 더덕의 향을 해칠 수 있어요. 순수한 더덕의 향을 즐기고 싶다면, 된장이나 고추장과 같이 강한 양념보다 유자나 들깻가루를 사용하면 가볍게 스치는 향과 함께 더덕 특유의 풍미를 더욱 느낄 수 있는 요리가 되지요.

재료

더덕 5개, 부추 한 줌, 다진 홍고추 2큰술, 찹쌀 가루 3큰술, 포도씨유 1큰술, 들기름 1작은술, 소금 1작은술

소스 재료 (양파 유자 들깨 소스)
다진 양파 1큰술, 간 양파 2큰술, 다진 유자청 3큰술, 들깻가루 3큰술, 들깨 1작은술, 유자 식초 1큰술, 설탕 1작은술, 소금 약간

 만들기

1. 더덕은 껍질을 제거하고, 6cm 길이로 썰어 얇기 밀어 편 후 건조한다.
   건조기능 55℃에서 8시간
2. 더덕이 들기름과 소금을 발라 찹쌀 가루를 앞뒤로 골고루 묻힌 후, 포도씨유를 두른 팬에 굽는다.
3. 분량의 양파 유자 들깨 소스 재료를 섞는다.
4. 부추는 한입 크기로 썬다.
5. 구운 더덕에 **3**의 양념을 발라 석쇠에 굽는다
6. **4**의 부추를 깔고 **5**의 구운 더덕을 올린 후 다진 홍고추를 뿌려서 담는다.

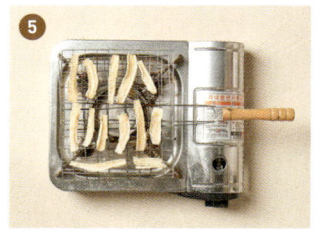

 **HANNAH'S TIP**

1. 더덕은 골이 깊으며, 속이 희고 곧게 자란 것이 좋아요. 굵을수록 맛과 효능이 뛰어나며 소금물에 담가 쓴맛을 제거한 후 구이, 무침, 튀김 등으로 즐겨 먹어요.
2. 뿌리가 매끈하고 쭉 뻗은 것이 수컷 더덕이고 잔뿌리가 많은 것은 암컷 더덕인데, 요리할 때는 매끈한 수컷 더덕이 더 맛있어요.
3. 찹쌀 가루를 묻혀서 구우면 식감도 좋고 멥쌀보다 소화가 잘 돼요.

 **DOCTOR'S TIP**

더덕을 자르면 하얀 진액이 나오는데, 이 성분은 인삼에 들어 있는 사포닌 성분으로 항암, 항산화 효능이 높고 나쁜 콜레스테롤을 배출하는 효과가 있습니다. 사포닌은 호흡기 면역력을 높여 감기, 기관지염, 인후염을 비롯한 호흡기 질환의 예방과 개선에 도움을 줍니다. 더덕은 식이섬유가 풍부하여 포만감을 주고 칼로리가 낮으며, 지방 분해 효과가 있어 다이어트 식품으로도 효과적입니다. 더덕은 고기만큼 영양가 풍부하다 하여 '산에서 나는 고기'라고 불리기도 합니다.

DRY FOOD RECIPES
말린 연근 강정
❋ 조림 ❋

말린 연근을 이용해서 강정을 만들면 밥반찬으로도 좋고 간식으로 활용하기에도 좋아요. 고추기름 석류 양념을 사용하면 알싸하게 매운맛과 새콤달콤한 맛이 나요. 매운맛이 싫다면 맛탕 소스에 버무리는 것도 좋아요.

재료
연근 한줄기, 옥수수 전분 1/2컵, 달걀 1개, 카놀라유 2컵, 소금 약간, 물 1큰술, 레몬 슬라이스 1조각, 태국고추 1개

양념 재료 (고추기름 석류 양념)
고추기름 1큰술, 진간장 1큰술, 페퍼로치노 2개, 다진 마늘 1작은술, 다진 생강 1/2작은술, 석류청 1큰술, 소금 약간, 후추 약간

 만들기

1. 연근은 껍질을 제거하고 0.5cm 두께로 썰어 끓는 물에 데친 후 건조한다.
   건조기능 70℃에서 8시간
2. 달걀 흰자, 옥수수 전분, 소금, 물을 섞어 튀김 반죽을 만든다.
3. 건조한 연근에 전분을 묻힌 뒤, 2의 반죽을 묻혀 180℃ 기름에서 튀긴다.
4. 분량의 재료를 섞어 고추기름 석류 양념을 만든다.
5. 팬에 4의 양념을 넣고 졸이다가 튀긴 연근을 넣고 버무린다.
6. 버무린 말린 연근 강정에 레몬 슬라이스와 태국고추를 올려 완성한다.

1. 강정을 만들거나 튀김이나 연근 칩을 만들 때 생 연근을 사용하면 바삭한 맛을 살릴 수가 없어요. 연근을 바삭하게 만들고 싶다면 건조시켜서 사용하는 것이 좋아요. 이때 건조의 정도는 완성된 음식의 맛과 형태를 고려해서 건조시켜 주세요.
2. 튀김 반죽을 만들 때는 달걀 흰자만 사용하는 것이 더 바삭한 튀김을 만들 수 있답니다.

연근을 자르면 갈변이 되는데 바로 타닌 성분 때문입니다. 이는 항산화 성분인 폴리페놀의 하나로 출혈을 멎게 하고 장운동을 높이며 지방 섭취를 줄여 줍니다. 불용성 식이섬유가 풍부하여 가열하거나 말려도 파괴되지 않습니다. 또한, 칼륨, 칼슘, 철분, 비타민B1, 비타민B6, 비타민C가 풍부하여 신진대사를 활발하게 하며 독소 배출에 효과적입니다.

연근에 들어 있는 식이섬유는 비만 예방에 좋고, 타닌은 니코틴 배출에 효과적이어서 잦은 술자리와 운동 부족인 직장인들의 건강을 위해서도 꼭 필요한 식품입니다.

DRY FOOD RECIPES
말린 전복 장조림
❀ 조림 ❀

말린 전복은 전복장이나 장조림처럼 저장 식품으로 활용할 수 있어요. 이때 말려진 정도에 따라서 완성된 식감과 맛이 달라지는데 반건조 상태라면 간장을 이용한 전복장이나 전복 장조림을 만드는 것이 좋고, 꾸덕꾸덕하게 말랐다면 고추장을 사용하는 것이 좋아요.

재료

전복 5마리, 잣 약간

양념 재료 (흑마늘 간장 양념)

흑마늘 진액 2큰술, 간장 1/2컵, 마늘 5쪽, 생강 약간, 청양고추 1개, 다시마 육수 1/2컵, 청주 50mL, 설탕 1/3컵

 만들기

1. 전복은 껍데기를 분리하여 불순물과 입을 제거한 후 깨끗이 씻어 칼집을 낸 뒤 건조한다.

    건조기능 60℃에서 3시간

2. 분량의 재료를 섞어 흑마늘 간장 양념을 만든다.
3. 냄비에 2의 흑마늘 간장 양념과 건조한 전복을 넣고 졸인 후 식혀서 잣을 올려낸다.

1. 전복은 여름에 먹는 것이 좋아요. 특히, 늦봄에서 초여름 사이의 전복이 가장 맛있어요.
2. 전복장이나 전복 장조림의 간장은 따로 두었다가 새우나 게를 이용해서 장을 담가도 좋아요. 이때는 끓인 간장을 부었다가 식히고 다시 붓는 과정을 3번 정도 반복해주세요.

전복은 '바다의 산삼'이라는 별명을 가질 정도로 장수 식품으로 유명합니다. 단백질 함량이 매우 높으며 타우린, 메티오닌, 시스테인, 아르기닌 등을 포함한 대표적인 아미노산으로 구성된 스태미나 식품입니다. 타우린은 피로 회복에 좋은 아미노산인데 어패류 중 전복에 최고로 많이 들어있습니다. 타우린은 혈압과 콜레스테롤을 낮추는 데 좋으며, 메티오닌과 시스테인은 피로 회복과 간 기능 개선에 효과적이라 간이 좋지 않은 사람, 대주가, 질병 후 회복기, 만성 피로 증상이 있는 사람에게 도움이 됩니다.

말린 식품에 대한 오해와 진실

Q 식품을 말리면 영양소가 파괴되지 않을까요?

A 식품을 말려서 먹을 때 가장 많이 소실되는 것이 수분입니다. 하지만 수분이 줄면서 오히려 나머지 영양소의 밀도는 대부분 높아집니다. 다만 말리지 않더라도 자외선이나 열, 보관 시간 등에 따라 쉽게 파괴되고 줄어드는 비타민C의 비율은 신선한 식품에 비해 줄어들 수 있습니다. 비타민C를 제외한다면 나머지 영양소는 굉장히 많아지는 경우가 많습니다. 식이섬유, 비타민D, 단백질 등 영양분이 증폭되고 흡수나 맛도 깊어지는 경우가 많습니다. 여러 외적 조건에 민감한 비타민C를 제외한 영양소는 대부분 영양 밀도가 높아집니다.

Q 말린 음식은 다이어트에 도움이 될까요?

A 대개 말린 음식은 영양 밀도가 높고 칼로리도 높아집니다. 하지만 말린 음식이 다이어트에 도움이 될 수 있습니다. 다이어트 중이라면 오히려 말린 단백질 식품과 채소로 에너지를 보충하는 것이 좋습니다. 포만감을 주는 성분이 많아서 다이어트에 필수 식품이 될 수 있습니다.
다만 말린 과일은 당도가 높고 칼로리가 높으나 분량이 적어 보여 많은 양을 먹기 쉽습니다. 이런 경우는 과식과 비만의 원인이 될 수 있고, 당뇨 환자에게는 혈당을 올리는 원인이 될 수 있으니 주의해야 합니다.

Q 모든 식품을 말려서 먹을 수 있나요?

A 예로부터 많이 말려 먹던 식재료는 무, 무청, 버섯, 취나물, 곶감, 호박 등이 있습니다. 하지만 거의 모든 채소는 말려서 먹을 수 있습니다. 물이 많은 채소는 물기를 제거하고 말리면 되고, 토마토처럼 뭉개지기 쉬운 식품은 씨를 제거하고 말리면 됩니다. 어떠한 채소나

과일도 말려서 먹는 데 큰 문제는 없습니다.
또한, 과일이나 채소뿐만 아니라 생선 종류도 말리면 비린내가 사라지고 맛과 식감이 좋아집니다. 고기 종류도 달여서 먹을 수 있고 잡곡, 콩, 두부도 말려서 먹으면 색다른 맛이 납니다. 어떤 음식 재료라도 잘 말리면 색다른 식재료를 만들 수 있습니다.

Q 말린 음식을 피해야 할 사람도 있나요?

A 말린 음식은 어떻게 조리하느냐에 따라 다르기 때문에 굳이 피해야 할 사람이 있지는 않습니다. 다만 당뇨가 있는 사람은 당도가 높은 과일 말린 것을 피하는 게 좋은 반면, 채소 말린 것을 많이 먹으면 포만감을 주고 장운동을 증진시켜 혈당 조절에 오히려 효과적입니다.
채소나 과일을 말리면 식이섬유가 많아지고 칼륨 성분이 농축됩니다. 그래서 만성 신부전과 같은 신장 질환 환자, 심장병 환자, 와파린이나 고혈압제 중 칼륨 농도에 지장을 받는 약물을 복용하는 사람은 칼륨을 제한적으로 섭취해야 하니 주의해야 합니다.

Q 식재료는 어떻게 말려야 하나요?

A 재료마다 조금씩 차이가 있을 수 있습니다. 채소는 대개 햇볕에 장시간 말리지만 습기가 있는 밤에는 좋지 않아 거뒀다가 말리는 게 좋습니다. 자연 건조시킬 때 햇볕을 지나치게 강하게 받으면 과일 속 부분까지 마르지 않아 자칫 벌레가 꼬일 수 있습니다. 말리면서 색이 변하는 채소도 있는데 감자는 3~4시간 말리면 갈색으로 변하므로 그 시간보다 짧게 건조시킵니다. 갈변되는 과일은 레몬즙을 바른 후에 말리면 갈변을 막을 수 있습니다.
당근이나 호박의 경우 졸인 면에서 하얀 가루가 나오면 건조가 다 된 것입니다. 반면, 생선이나 과일은 해가 잘 들지 않는 그늘에서 바람이 잘 통하게 하여 건조해야 합니다.
식재료는 수분 함량과 두께가 저마다 달라 말리는 시간도 차이가 납니다. 즉 재료마다 볕에서 말릴지 그늘에서 말려야 할지, 단시간 말리면 되는지, 며칠을 말려야 하는지 등이 모두 다릅니다. 자연조건에서 잘못 말리면 곰팡이가 피거나 상하거나 세균 감염이 될 수 있습니다. 시간이 없고 재료마다 말리는 방법을 정확하게 모른다면 식품건조기를 사용하여 간편하게 달여서 먹는 것도 방법입니다.

part. 04

손님 초대 요리 만들기

DRY FOOD RECIPES
말린 단호박 뇨끼
◆ 손님 초대 요리 ◆

뇨끼는 집에서 만들기 어렵다고 생각하는 경우가 많은데 이탈리아식 수제비라고 생각하면 돼요. 집에서 특별한 음식이 먹고 싶을 때나 손님이 갑자기 찾아 왔을 때 간단하게 만들 수 있는 음식이에요. 뇨끼 반죽을 미리 만들어서 한 번 익힌 후에 냉동시키면 언제든 만들어 먹을 수 있어요.

재료
단호박 1/2개, 중력분 1컵, 찐감자 1/2개, 파마산 치즈 가루 3큰술, 달걀노른자 1개, 다진 양파 1큰술, 다진 마늘 1큰술, 올리브유 2큰술, 소금 1과 1/2큰술, 어린잎 채소 한 줌

소스 재료 (까망베르 크림 소스)
까망베르 치즈 1/4개, 우유 1/2컵, 생크림 1컵, 파슬리 가루 1작은술, 소금 약간, 후추 약간

 만들기

1. 단호박은 1cm 두께로 썰어 반건조한다.
   건조기능 70℃에서 2시간
2. 푸드프로세서나 블렌더에 찐 감자, 건조한 단호박, 중력분, 파마산 치즈 가루, 달걀노른자, 올리브유, 소금을 넣고 돌려서 뇨끼 반죽을 만든다.
3. 뇨끼 반죽은 0.5cm 두께로 밀어서 원하는 모양으로 만든 뒤 포크로 자국을 만든다.
4. 소금, 올리브유를 넣은 끓는 물에 뇨끼 반죽을 넣고 익힌다.
5. 분량의 재료를 섞어서 까망베르 크림 소스를 만든다.
6. 팬에 올리브유를 두르고 다진 마늘, 다진 양파, 뇨끼를 넣고 볶다가 5의 소스와 소금을 넣고 볶는다. 다 볶아지면 그릇에 담고 어린잎을 올려 완성한다.

 **HANNAH'S TIP**

1. 뇨끼는 이탈리아 요리로 감자, 버터, 밀가루, 치즈를 이용해서 만든 반죽을 끓여 먹는 음식이에요.
2. 뇨끼는 그냥 찌거나 끓여 먹어도 그 맛이 좋기 때문에 여러 가지 요리에 활용하기 좋아요. 또한 단호박 뇨끼는 그 자체로 단맛이 많기 때문에 별도의 단맛을 추가하지 않아도 돼요.
3. 단호박은 미리 찌거나, 전자레인지에 익힌 후 껍질을 제거하면 손질하기 편해요.

 **DOCTOR'S TIP**

단호박은 영양가가 높으며 다른 채소에 비해 단백질, 탄수화물 함량이 높은 편입니다. 또한, 항산화 비타민A, 비타민C, 비타민E가 풍부하며 점막과 피부 면역력을 높여주는 베타카로틴가 압도적으로 많습니다. 생활습관병, 감기 예방, 피부 탄력, 노화 방지에 효과적인 채소입니다.

시판되는 단호박은 대개 서양 호박인데 일반 호박에 비해 단맛이 강하고 카로틴과 비타민류가 풍부합니다. 베타카로틴이나 비타민E는 올리브유 등의 기름과 함께 요리하면 더욱 흡수율이 높아집니다.

DRY FOOD RECIPES
말린 저장 수제비
❀ 손님 초대 요리 ❀

집에서 직접 수제비 반죽을 만들어서 한 번 데치거나 익힌 후, 냉동시키면 라면처럼 손쉽게 수제비를 끓여 먹을 수 있어요. 수제비 반죽에 들어가는 재료의 종류에 따라서 맛과 향이 달라지니 제철에 나는 재료들을 이용해서 수제비를 만들어보세요.

재료
중력분 3과 1/2컵, 쑥 가루 1/2컵, 물 1컵, 감자 전분 5큰술, 감자 1/2개, 애호박 1/3개, 당근 1/2개, 대파 1/2대, 홍고추 1/2개, 청양고추 1/2개, 다진 마늘 1작은술, 새우젓 약간, 소금 약간

육수 재료 (디포리 다시 육수)
디포리 7마리, 다시마(5×5cm) 2장, 태국고추 2개, 무 1/6개, 물 6컵

 만들기

1. 중력분과 쑥가루, 감자 전분, 물, 소금을 넣고 치 대어 반죽한 다음, 한입 크기로 떼어내 익혀서 건조한다.
   🔲 건조기능 50℃에서 2시간
2. 분량의 육수 재료를 넣고 디포리 다시 육수를 만든다.
3. 감자와 애호박은 은행잎 모양으로 썰고, 당근은 채 썰고, 대파, 청양고추, 홍고추는 어슷썰기 해서 준비한다.
4. 육수에 다진 마늘, 감자, 양파를 넣고 끓이다가 건조한 수제비, 대파, 애호박, 당근, 청양고추, 홍고추, 새우젓, 소금을 넣고 간을 맞춰 끓인다.

1. 멸치보다 디포리를 이용해서 육수를 만들면 깊고 진한 맛이 더 강하기 때문에 육수를 낼 때는 디포리를 사용하는 것이 좋아요.
2. 태국고추가 없을 때는 청양고추나 말린 고추 씨앗을 이용해도 좋아요. 고추 씨앗을 이용할 때는 작은 면 보자기나 거름망에 넣어서 끓여주세요.
3. 육수를 낼 때는 무의 흰 부분을 사용해야 시원한 맛을 낼 수 있어요.

밀가루 중력분에 쑥 가루를 함께 넣으면 더욱 영양이 풍부한 반죽을 만들 수 있습니다. 단순 당질인 밀가루 중력분에 쑥 가루만 넣어도 비타민과 미네랄 함량이 높아지기 때문입니다. 쑥에는 비타민과 칼륨, 칼슘 등 미네랄이 많이 들어 있으며, 그중 비타민A가 특히 풍부합니다. 쑥에는 항산화 성분인 베타카로틴이 들어 있어 스트레스와 피로 회복에도 좋고 면역력을 높여주는 데 도움이 됩니다. 쑥에 들어 있는 칼륨과 칼슘은 췌장의 인슐린 분비를 촉진하고 호르몬을 조절해 당뇨병 개선에 효과적입니다.

DRY FOOD RECIPES
크랜베리 치킨 냉파스타
❀ 손님 초대 요리 ❀

말린 과일이 들어간 냉파스타는 샐러드처럼 먹기에도 좋아요. 달콤한 말린 과일과 시원한 동치미 소스가 의외로 잘 어울려요. 매콤하게 톡 쏘는 맛을 위해서 겨자나 고추냉이를 사용해도 좋아요. 깨끗하고 깔끔하게 즐길 수 있는 파스타예요.

재료

크랜베리 1컵, 파스타 면 200g, 닭다리살 2조각, 레몬즙 2큰술, 로즈마리 2줄기,
양상추 2장, 방울토마토 3개, 올리브유 1큰술, 소금 2큰술, 후추 약간

소스 재료 (연겨자 동치미 소스)
연겨자 1큰술, 동치미 국물 1/2컵, 다진 동치미무 2큰술, 레몬즙 2큰술, 식초 1큰술,
설탕 2큰술, 소금 약간

 만들기

1. 크랜베리는 물에 씻어 건조한다.

    건조기능 70℃에서 5시간

2. 닭다리살은 손질해서 레몬즙, 로즈마리, 소금, 후추로 밑간하고, 양상추는 한입 크기로 뜯고 방울토마토는 1/4등분 한다.

3. 파스타 면은 끓는 물에 소금, 올리브유를 넣고 삶아 체에 받쳐 올리브유에 버무려 놓는다.

4. 팬에 올리브유를 두르고 2의 마리네이드 한 닭다리살을 굽는다.

5. 분량의 연겨자 동치미 소스 재료를 넣고 섞는다.

6. 볼에 2의 양상추, 방울토마토, 3의 파스타 면, 4의 닭가슴살, 건조한 크랜베리, 로즈마리를 올린 뒤 5의 소스를 곁들인다.

 **HANNAH'S TIP**

1. 닭다리살은 다른 부위에 비해 감칠맛과 씹히는 맛이 뛰어나서 어떤 요리를 해도 잘 어울려요.
2. 고기 요리를 할 때는 미리 밑간을 해서 재워주는 마리네이드 과정을 거쳐야 맛과 풍미가 훨씬 좋아져요.
3. 건조한 크랜베리는 단맛기 강하니 새콤한 맛이 나는 재료를 같이 넣어주는 것이 좋아요.
4. 파스타 면을 삶을 때 시간이 헷갈린다면 제품 설명서에 나와 있는 시간을 정확히 따라 하면 쉽게 삶을 수 있어요.

 **DOCTOR'S TIP**

크랜베리는 북미에서 포도, 블루베리와 함께 인기 있는 3대 과일로 꼽히는 과일로 국내에서도 수요가 증가하고 있습니다. 크랜베리는 각종 구강 질환을 유발하는 치석 생성을 막아줍니다. 유해 활성 산소로부터 몸을 보호해주어 노화를 예방하고, 크랜베리에 함유된 안토시아닌 성분이 시력을 보호해주는 효과가 있습니다. 당도가 높은 과일이어서 그냥 먹기보다는 건조시켜 음식에 조금씩 넣어먹으면 영양적인 가치를 더하고 풍미를 높여주는 식재료가 됩니다.

DRY FOOD RECIPES
말린 사과 쌀 피자
❀ 손님 초대 요리 ❀

말린 사과는 디저트로 먹거나 음식에 넣어서 사용하기 좋아요. 건조시킬 때 많이 만들어두면 여러 요리에 요긴하게 쓰인답니다. 쌀 가루 도우는 취향에 따라 두께를 조절해서 만들어도 좋아요. 담백한 맛에 달콤함이 더해져서 먹기에 좋아요. 도우를 두껍게 만들면 부드러운 맛이 있고, 도우를 얇게 만들면 바삭함이 느껴져요.

재료

사과 1개, 꿀 2큰술, 플레인 요거트 1큰술, 어린잎 한 줌

피자 도우 재료
쌀 가루 160g, 설탕 12g, 소금 3g, 우유 100g, 드라이이스트 4c, 포도씨유 9g

소스 재료 (계피 꿀 소스)
계핏가루 1작은술, 꿀 5큰술

 **만들기**

1. 사과는 깨끗이 씻어 얇게 잘라 건조한다.
   - 건조기능 70℃에서 6시간
2. 분량의 피자 도우 재료를 넣어 반죽을 하고, 15~20분 정도 발효한다.
3. 발효된 도우를 얇게 밀어 꿀, 플레인 요거트를 바르고, 건조한 사과를 올려 180℃로 예열한 오븐에서 10분간 구운 뒤 꿀과 어린잎을 올린다.
4. 분량의 계피 꿀 소스를 섞어 곁들인다.

1. 사과는 익혀서 먹어도 맛이 좋기 때문에 음식을 만들 때 넣으면 새콤달콤한 맛을 즐길 수 있어요.
2. 사과가 들어가는 음식에 계피를 사용해서 향을 추가하면 풍미가 살아나요. '시나몬'이라고도 불리는 계피는 세계 3대 향신료예요. 계피 특유의 향과 청량감, 단맛이 있어서 세계적으로 애용해요.
3. 사과의 갈변 현상을 막으려면 설탕물에 담근 후에 사용하세요.

사과는 대장암 발암과정을 억제하여 암을 예방하는 유익한 과일입니다. 또한, 활성산소와 독소, 콜레스테롤을 배출하는 역할도 합니다. 사과에서 가장 주목하는 성분은 식이섬유의 일종인 펙틴입니다. 사과를 건조시켜 껍질째 먹으면 안토시아닌과 펙틴의 함량이 더욱 높아집니다.

육류나 단순 당질을 과잉 섭취하는 경우 장내 유해균이 많아지는 반면, 식이섬유를 풍부하게 섭취하면 유익균이 많아집니다. 유익균보다 유해균이 많아지면 면역력이 저하되고 암 발생이 높아질 수 있습니다.

Dry food recipes
말린 묵 영양부추 샐러드
❁ 손님 초대 요리 ❁

말린 묵은 특유의 질감 때문에 여러 가지 요리에 사용해요. 말린 묵 영양부추 샐러드에는 명이나물 페스토를 만들어서 사용하는데, 이때 깻잎과 다른 향신 채소를 이용해서 페스토를 만들어도 좋아요. 파르미지아노 치즈 대신에 들깻가루를 이용해도 특별한 맛을 낼 수 있어요.

재료 도토리묵 1/2모, 영양부추 한 줌, 적채 1/8거, 양파 1/2개, 빨간 파프리카 1/4개

페스토 재료 (명이나물 페스토)
명이나물 10장, 잣 2큰술, 파르미지아노 치즈 2큰술, 다진 마늘 1작은술, 올리브유 3큰술

 만들기

1. 도토리묵은 2cm 정도의 주사위 모양으로 썰어 건조한다.
   - 건조기능 70℃에서 5시간
2. 영양부추는 5cm 길이, 적채와 양파는 채 썰고, 빨간 파프리카는 잘게 다진다.
3. 건조한 묵은 물에 불렸다가 데쳐서 찬물에 식힌다.
4. 분량의 명이나물 페스토 재료를 믹서에 간다.
5. 볼에 2의 채소와 3의 묵, 4의 양념을 넣고 버무려 그릇에 담아낸다.

1. 도토리묵은 도토리를 주재료로 해서 만든 묵이에요. 기호에 따라 데밀묵, 청포묵, 흑임자묵 등으로 대체해도 좋아요.
2. 묵은 우리나라에만 있는 고유 식품으로 묵전, 묵밥, 묵극수 등을 만들어 먹어요.
3. 묵을 말려 먹으면 떡처럼 쫄깃한 식감의 묵 말랭이를 만들 수 있으며 장기간 보관이 가능해요.
4. 페스토는 바질, 잣, 올리브오일, 치즈 등을 갈아서 만든 가열하지 않은 소스예요. 페스토의 재료인 바질을 대신해 고수, 명이나물, 깻잎 등 향이 나는 채소로 대체할 수 있어요.

묵은 포만감을 주면서 칼로리는 높지 않은 대표적인 다이어트 식품입니다. 묵을 건조시키면 식감이 쫄깃해지고 풍미가 좋아져 깊은 맛이 우러납니다. 도토리묵은 도토리를 원료로 만든 식품으로 탄닌 성분이 많아 소화가 잘 되고 설사를 멎게 하며 지방 흡수를 억제합니다. 도토리 속의 아콘산은 독소 및 중금속 해독에 효능이 좋아 피로 회복, 성인병 예방에 좋습니다. 파프리카에는 식이섬유와 칼륨이 풍부하고 칼슘, 인 성분도 많습니다. 영양분은 풍부하면서 열량은 낮아 미용과 다이어트에도 도움이 됩니다.

DRY FOOD RECIPES
말린 파인애플 볶음밥
❀ 손님 초대 요리 ❀

어린아이들이 좋아하는 볶음밥이에요. 미리 만들어서 얼려 두었다가 그때그때 데워서 먹어도 좋아요. 다만 얼린 음식은 한 번 해동하면 다 먹는 것이 좋아요. 말린 파인애플은 의외로 볶음이나 무침, 혹은 샐러드에 활용해도 잘 어울려요. 달콤새콤한 맛과 바삭한 식감을 즐겨보세요.

재료
밥 2공기, 파인애플 1/4개, 새우 3마리, 양파 1/2개, 빨간 파프리카 1/3개,
쥬키니 1/4개, 태국고추 2개, 마늘 1개, 올리브유 2큰술, 소금 약간, 후추 약간,
라벤더 한줄기

소스 재료 (코코넛 나시고랭 소스)
코코넛유 1작은술, 토마토 페이스트 1작은술, 굴소스 1큰술, 칠리 페이스트 1작은술,
피쉬소스 1작은술, 코코넛 설탕 1/2작은술 후추 약간

 **만들기**

1. 파인애플은 한입 크기로 잘라 건조한다.
    건조기능 55℃에서 5시간
2. 마늘은 편 썰고 양파, 빨간 파프리카, 쥬키니는 굵게 다지고, 새우는 소금, 후추, 올리브유에 재운다.
3. 분량의 코코넛 나시고랭 소스 재료를 섞는다.
4. 팬에 올리브유를 두르고 태국고추, 마늘, 새우를 넣고 볶는다.
5. 4에 1의 파인애플과 밥, 2의 다진 채소, 3의 소스를 넣고 볶아준 후 라벤더 한줄기를 올려 장식한다.

 **HANNAH'S TIP**

1. 파인애플처럼 당분이 있는 과일이나 식재료를 건조시키면 당도가 더 높아져요.
2. 새우 꼬리에는 몸에 좋은 성분이 많아서 꼬리까지 먹는 게 좋아요. 먹기 힘들다면 건조시켜서 가루로 만들어 섭취하세요.

 **DOCTOR'S TIP**

파인애플에는 비타민과 함께 망간이 들어 있는데, 성장기 골격 발달에 필요한 망간은 뼈의 형성과 골밀도를 증가시키는 역할을 합니다. 또한 파인애플에는 소화에 도움을 주는 단백질 분해 효소인 브로멜린이 들어 있어 소화 능력이 약한 아이나 노인에게 좋은 식재료가 됩니다. 비타민B1이 들어 있어 신진대사를 활발하게 하고, 간 대사를 도와 피로 회복에도 효과적입니다. 식이섬유가 풍부하고 당도가 있으면서 칼로리는 높지 않아 다이어트 식재료로도 그만입니다.

DRY FOOD RECIPES

말린 두부 녹차 연저육찜

❈ 손님 초대 요리 ❈

말린 두부는 쫄깃쫄깃한 질감이 나서 더 맛있게 느껴져요. 두부는 양념에 조리는 시간에 따라 풍미가 달라져요. 조리는 시간이 길어지면 쫄깃한 맛은 사라지고 양념이 많이 배어들어요. 조리는 시간에 따라 양념의 간을 조절해주세요.

재료
돼지고기(삼겹살) 2kg, 두부 1/2모, 대추 5개, 호두 10알, 아몬드 10알, 땅콩 10알, 호박씨 1/2컵, 식용유 1/2컵, 건고추 1개, 라벤더 한줄기, 월계수 잎 2장, 통후추 1/2작은술, 청주 2큰술

조림장 재료 (녹차 연저육 조림장)
해선장 4큰술, 간장 1/3컵, 둘 2컵, 물엿 1/2컵, 설탕 1/4컵, 마늘 5쪽, 생강 1개, 건고추 3개, 녹차 가루 3큰술

 만들기

1. 두부를 2cm 크기의 주사위 모양으로 썰어 건조한다.
   건조기능 60℃에서 5시간
2. 돼지고기는 찬물에 월계수 잎, 통후추, 청주를 넣고 45분간 삶아 물기를 뺀다.
3. 호두, 아몬드, 땅콩, 호박씨는 팬에 노릇하게 굽는다.
4. 팬에 식용유를 두르고, 2의 삶은 돼지고기는 겉면만 노릇하게 굽는다.
5. 분량의 재료를 섞어 녹차 연저육 조림장을 만든다.
6. 냄비에 5의 조림장, 1의 두부, 3의 견과류, 4의 돼지고기, 건고추, 대추를 넣고 조린 후 그릇에 담아 라벤더로 장식한다.

 **HANNAH'S TIP**

1. 연저육찜은 임금님이 드셨던 돼지고기를 이용한 궁중요리예요. 여기서 '연'은 어리고 연한 살을 의미해요. 원래의 조리법은 어린 돼지고기로 만드는 것이지만, 요즘에는 통삼겹살 등 숙성 기간을 거친 돼지고기를 사용하지요.
2. 돼지고기를 이용한 연저육찜이나 보쌈 등을 삶을 때 커피나 녹차, 양파 껍질 등을 넣고 함께 삶아주면 기름기가 빠져나와 담백한 요리를 만들 수 있어요.
3. 연저육찜을 조리는 과정에서 조림 국물을 자주 끼얹어져주면 촉촉해고 고르게 조림 색을 입힐 수 있어요.

 **DOCTOR'S TIP**

콩은 흔히 '밭에서 나는 소고기'라고 불릴 정도로 단백질이 풍부한 식물성 식재료입니다. 필수아미노산이 풍부하고 열량은 적으나 칼슘, 철분 등 미네랄이 많아 여성에게 좋으며 포만감을 주면서도 기운을 잃지 않고 건강과 영양, 다이어트에 좋은 식품입니다.

두부는 고단백 식품이면서 필수지방산인 리놀산을 함유하고 있어 혈관을 맑게 하고, 올리고당이 많이 들어 있어 장운동을 활발하게 하며, 유산균의 먹이가 되어 면역력에도 도움을 줍니다. 수분이 80%를 차지하는 두부는 상하기 쉬운데 건조시키면 오래 보관할 수 있습니다.

DRY FOOD RECIPES
말린 묵 잡채
❀ 손님 초대 요리 ❀

말린 묵은 다른 채소와 채 썰어서 함께 먹기 좋은 메뉴예요. 묵의 종류에 따라서 색은 다르지만 맛은 크게 차이가 없어요. 칼로리는 낮고 포만감은 좋기 때문에 다이어트를 할 때 한 끼 식사로 아주 좋아요. 간을 강하게 해서 반찬으로 만들기도 해요.

재료 도토리묵 1/2모, 청포묵 1/2도, 양파 1/2개, 청피망 1/3개, 홍피망 1/3개, 당근 1/4개, 표고버섯 1개, 해바라기유 1과 1/2큰술, 소금 약간, 후추 약간

양념 재료 (흑임자 두유 양념)
흑임자 가루 3큰술, 매실청 1큰술, 간장 1작은술, 마요네즈 1큰술, 올리브유 2큰술, 레몬즙 1큰술, 두유 1/2컵, 설탕 2큰술

 만들기

1. 도토리묵은 2×5cm 크기로 잘라 건조한다.
   건조기능 70℃에서 7시간

2. 청포묵은 2×5cm 크기로 잘라 건조한다.
   건조기능 70℃에서 7시간

3. 분량의 재료를 섞어 흑임자 두유 양념을 만든다.

4. 양파, 청피망, 홍피망, 당근, 표고버섯은 채 썬다.

5. 건조한 묵은 찬물에 30분 이상 불렸다가 데친다.

6. 팬에 해바라기유를 두르고 5의 불린 건조 묵, 3의 양념, 4의 채소를 넣고 볶다가 소금, 후추로 간을 해서 완성한다.

 **HANNAH'S TIP**

1. 원하는 식감에 따라 묵을 건조하는 시간을 조절하세요.
2. 흑임자는 요리에 넣기 직전에 손끝으로 으깨서 사용하면 고소한 향이 더욱 살아나고 영양분도 더 많이 섭취할 수 있어요.
3. 양념에 크림 대신 두유를 사용하면 칼로리도 줄이고 영양분도 더욱 좋아져요. 우유나 저지방 우유, 두부로도 대체할 수 있어요.

 **DOCTOR'S TIP**

다양한 묵과 함께 컬러 채소를 먹으면 고른 항산화 성분과 비타민 미네랄을 조화롭게 섭취할 수 있어 영양 균형이 잘 맞습니다. 특히, 여기에 해바라기유를 함께 하면 필수지방산이 혼합되어 영양 흡수도 좋아지고, 영양도 더 조화로워집니다.

표고버섯을 말리면 생 표고버섯보다 엽산은 7배, 비타민D는 8.5배, 단백질은 10배, 비타민B6는 3.5배 증가합니다. 비타민D는 뼈를 튼튼하게 할 뿐만아니라 면역력을 높여주고 세포의 돌연변이를 막아 대장암, 유방암 억제 효과도 기대할 수 있습니다.

DRY FOOD RECIPES

말린 과일 리코타 치즈 샐러드

❀ 손님 초대 요리 ❀

리코타 치즈는 우유로만 만들면 진한 맛이 없기 때문에 생크림과 요거트를 함께 섞어서 만드는 게 더욱 맛있어요. 또한, 쉽게 상하기 때문에 만든 후 1주일 안에 모두 소비하는 것이 좋아요. 샐러드에 말린 과일이 들어가면 단맛이 나면서 동시에 씹는 맛이 좋답니다.

재료
사과 1/2개, 딸기 5개, 키위 1개, 바나나 1거, 파인애플 1/8개, 우유 2와 1/2컵, 생크림 1과 1/4컵, 레몬즙 1/2컵, 플레인 요거트 3과 1/2큰술, 양상추 3장, 소금 약간, 페퍼민트 한줄기

드레싱 재료 (렌틸콩 요거트 드레싱)
삶은 렌틸콩 3큰술, 플레인 요거트 5큰술, 라임청 1작은술, 소금 약간

 만들기

1. 사과와 딸기, 키위, 바나나, 파인애플은 한입 크기로 썰어 건조한다.
   건조기능 70℃에서 6시간
2. 분량의 우유, 생크림, 플레인 요거트를 냄비에 붓고 약한 불에서 30분간 끓인다.
3. 2에 레몬즙, 소금을 넣고 30분간 더 끓여 면보어 거른 후, 리코타 치즈를 만든다.
4. 분량의 렌틸콩 요거트 드레싱 재료를 믹서에 간다.
5. 그릇에 한입 크기로 뜯은 양상추, 리코타 치즈, 건조한 과일 순으로 담고 4의 드레싱을 뿌린 후 페퍼민트를 올려 장식한다.

 **HANNAH'S TIP**

1. 기호와 계절에 따라 각종 과일로 대체해서 사용해도 좋아요.
2. 과일은 건조하면 당도가 더 높아지고, 과일의 식감은 건조시키는 시간에 따라 달라져요.
3. 리코타 치즈를 만들 때는 저지방 우유나 무지방 우유보다 일반 우유를 사용해야 해요. 요거트를 넣어 치즈를 만들면 상큼한 맛을 더 돋워줘요.
4. 생김새가 렌즈를 닮았다고 해서 렌즈콩이라고 불리는 렌틸콩은 우리나라의 녹두와 비슷하게 생겼어요. 유럽 남부, 지중해 연안, 인도, 중동 등에서 널리 재배되고 카레와 스튜, 빵, 샐러드 등에 다양하게 사용되는 식재료예요.

 **DOCTOR'S TIP**

과일을 말리면 식이섬유와 미네랄, 항산화 성분이 증가하고 수분과 수용성 비타민이 줄어듭니다. 과일을 말리면 당도는 높아지며 식감이 쫀득하고 풍미가 깊어져 색다른 맛을 줍니다. 여러 종류의 과일에는 각각의 색을 내는 항산화 성분이 들어 있는데, 이들을 고르게 말려서 먹으면 다양한 종류의 항산화 성분을 섭취할 수 있어 활성 산소를 없애고 암 예방, 성인병 예방, 순환 증진, 면역력 증진, 독소 배출 등의 효과를 기대할 수 있습니다.

DRY FOOD RECIPES
부럼 찰떡볶이
❀ 손님 초대 요리 ❀

부럼과 팥을 이용해서 만든 떡볶이라서 정월 대보름에 특별하게 먹을 수 있고, 어린이의 간식으로도 훌륭한 요리예요. 찰떡 종류는 모양과 상관없이 어떤 것이든 전부 만들 수 있어요. 이때 들어가는 재료는 집에서 먹다가 남은 견과류 중 어떤 것을 사용해도 상관없어요.

 **재료**
찰떡 50g, 호두 5큰술, 땅콩 5큰술, 잣 3큰술, 해바라기씨 2큰술, 식용유 1큰술, 호박씨 1/2큰술

양념장 재료 (팥 조청 양념장)
삶은 으깬 팥 5큰술, 조청 2큰술, 진간장 1큰술, 참기름 1작은술, 소금 약간

 **만들기**

1. 분량의 찰떡은 종이호일을 깔고 건조한다.
   건조기능 70℃에서 6시간
2. 분량의 재료를 섞어 팥 조청 양념장을 만든다.
3. 팬에 호두, 잣, 땅콩, 해바라기씨를 노릇하게 굽는다.
4. 건조한 찰떡은 팬에 식용유를 두르고 앞뒤로 노릇하게 굽는다.
5. 2의 양념을 팬에 넣고 끓이다가 3의 견과류와 4의 구운 찰떡을 넣고 버무린 후, 호박씨를 올려서 완성한다.

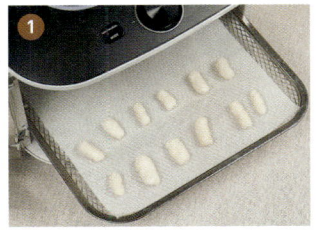

 **HANNAH'S TIP**

1. 호두, 땅콩, 잣 등의 견과류를 요리에 사용할 때 팬에 한 번 볶아서 사용하면 고소한 맛이 더욱 살아나고, 껍질 등을 제거할 수 있어요.
2. 팥을 처음으로 삶은 물은 버리고 다시 삶으면 팥의 떫은맛을 제거할 수 있어요.
3. 조청은 엿기름에 곡물 가루를 삭혀서 달인 것으로 미네랄 성분이 풍부하고 윤기가 흐르며, 당도가 낮은 편이에요. 음식을 촉촉하게 해주고, 단맛이 강하지 않으며 구수한 맛도 나지요. 짙은 갈색으로 꿀처럼 투명하지 않는 것이 좋은 조청이에요.

 **DOCTOR'S TIP**

견과류는 칼로리가 높은 편이지만, 포화지방산이 낮고 불포화지방산이 높아 권장 섭취량을 지키고 적당한 운동을 병행하면 오히려 날씬한 몸매를 유지할 수 있도록 도와주는 건강 식품입니다. 또한, 견과류는 포만감이 큰 편이라 오히려 불필요한 군것질을 줄이는 역할을 합니다.
호두는 필수아미노산 중 하나인 아르기닌이 풍부한 식품으로 혈관을 부드럽게 하여 혈류를 증가시켜 혈압 조절에 도움이 됩니다. 또한, 아이들의 성장과 두뇌 발달, 성인병 예방, 동맥경화 예방, 기억력이나 두뇌 활동에도 좋습니다.

DRY FOOD RECIPES
말린 주꾸미 파전
❀ 손님 초대 요리 ❀

주꾸미나 오징어를 말릴 때는 위생에 가장 신경을 써야 해요. 이런 재료는 자연 건조보다는 식품건조기를 활용하는 것이 편리하고 위생적이지요. 미리 말려 놓으면 전을 부칠 때뿐만 아니라 국이나 찌개를 끓일 때도 요긴하게 사용할 수 있어요.

재료

주꾸미 6마리, 새우 5마리, 바지락 살 1/4컵, 쪽파 한 줌, 홍고추 1개, 청양고추 1/2개, 식용유 6큰술, 박력분 2컵, 전분 2큰술, 물 30g, 달걀 1개, 소금 약간, 후추 약간

양념장 재료 (화이트와인 식초 양념장)

진간장 2큰술, 화이트와인 식초 1큰술, 꿀 1작은술, 다진 청양고추 1큰술, 다진 양파 2큰술, 들기름 1작은술, 소금 약간, 후추 약간

 만들기

1. 주꾸미는 흐르는 물에 씻어 끓는 물에 데친 후 건조한다.
   건조기능 70℃에서 3시간
2. 쪽파는 3등분, 청양고추와 홍고추는 어슷썰기 한다.
3. 2의 주꾸미와 채소, 새우, 바지락 살, 박력분, 전분, 물, 달걀, 소금, 후추를 넣고 반죽한다.
4. 팬에 식용유를 두르고 반죽을 넓게 펴서 앞뒤로 노릇하게 익힌다.
5. 분량의 재료를 넣고 만든 화이트와인 식초 양념장을 곁들인다.

 **HANNAH'S TIP**

1. 주꾸미를 씻을 때 황설탕으로 문질러 씻으면 주꾸미가 더욱 연해져요
2. 반죽을 할 때 물 대신 주꾸미를 데친 물을 사용하면 반죽에 깊은 풍미와 시원한 맛을 더할 수 있어요.
3. 부침 반죽에 전분을 넣어 반죽하면 바삭한 전을 먹을 수 있어요.
4. 달걀을 반죽에 풀지 않고, 반죽을 프라이팬에 익힐 때 반죽 위에 달걀 물을 부어주면 전이 바삭해져요.

 **DOCTOR'S TIP**

주꾸미는 칼로리가 높지 않으면서 필수아미노산이 풍부하여 다이어트에도 좋고, 어린이 성장과 수술 후 회복, 노인들의 정력 회복에도 좋습니다. 또한, DHA 등 불포화지방산을 다량 함유하고 있어 어린이의 두뇌 발달, 성인의 기억력 증진과 피부 면역 증강에도 도움이 되며, 혈중 콜레스테롤을 감소시키는 효과가 있습니다. 주꾸미에는 철분 함량도 높아 빈혈 예방에도 좋으며, 먹물에는 위액 분비를 촉진시키는 뮤코다당류가 들어 있어 입맛이 없거나 소화 기능이 약한 어린이, 노인에게도 좋습니다. 주꾸미를 건조하면 아미노산과 필수지방산, 타우린의 함량이 높아지고 식감도 뛰어나며 보관 기간도 늘릴 수 있습니다.

DRY FOOD RECIPES
말린 해물 파에야
❋ 손님 초대 요리 ❋

보통 파에야를 만들 때 사프란이라는 향신료를 많이 사용하는데 쉽게 구할 수 있는 향신료가 아니에요. 그래서 집에서도 간단하게 만들 수 있게 치자와 카레를 이용해서 색과 맛을 냈어요. 물론 사프란의 향과는 다르지만, 카레의 향만으로도 맛있는 파에야가 완성돼요.

재료
쌀 1과 1/2컵, 홍합 10개, 중하 7마리, 오징어 1마리, 양파 1/2개, 청피망 1/2개, 홍피망 1/2개, 레몬즙 3큰술, 버터 1큰술, 올리브유 2큰술, 다진 마늘 1큰술, 소금 약간, 후추 약간

소스 재료 (치자 카레 소스)
치자 우린 물 2큰술, 카레 가루 4큰술, 다진 마늘 1작은술, 해물 육수 4컵, 소금 약간, 후추 약간

 만들기

1. 중하, 홍합은 소금, 후추, 레몬즙에 재워두었다가 끓는 물에 데친 후 건조한다.
   건조기능 50℃에서 6시간
2. 오징어는 링 모양으로 썰고 양파, 청피망, 홍피망은 1cm 주사위 모양으로 썬다.
3. 분량의 재료를 섞어 치자 카레 소스를 만든다.
4. 팬에 올리브유와 버터를 두르고 다진 마늘, 1의 건조한 해물, 2의 채소, 쌀, 3의 소스를 넣고 볶는다.
5. 4에 레몬즙을 넣고 뚜껑을 덮어 익힌다.

 **HANNAH'S TIP**

1. 해산물을 건조시킬 때 올리브유나 허브, 레몬 같은 향신료와 함께 밑간을 한 뒤 건조시키면 비린내를 저거할 뿐만 아니라 특유의 향과 깊은 풍미, 부드러운 식감의 해산물을 얻을 수 있어요.
2. 토마토를 대신해서 토마토 페이스트나 방울토마토를 사용해도 좋아요. 방울토마토는 일반 토마토보다 단맛이 더 강하기 때문에 맛의 풍미를 높일 수 있어요.
3. 버터는 발연점이 높아 쉽게 타는데, 다른 기름들과 함께 사용하면 타지 않고 요리할 수 있어요.
4. 재료들과 쌀알을 볶을 때 조금씩 치자 카레 소스를 넣어가며 볶으면 밥알에 풍미가 더 진해져요.

 **DOCTOR'S TIP**

홍합은 어패류의 효능도 있으면서 일반 조개에 비해 짜지 않아 담채라고도 합니다. 홍합은 비타민A, 비타민B, 칼슘, 철분, 인, 단백질이 풍부한 고영양 식품입니다. 어린이 성장 발달, 노화 방지, 골밀도 상승, 빈혈 예방에도 도움이 됩니다. 특히, 건조시킨 홍합은 비타민D와 함께 칼륨이 풍부해져 우리 몸속의 나트륨을 배출시켜 성인병 예방, 부종 관리, 비만 예방에 좋습니다.

새우 또한 칼슘과 타우린, 키토산이 풍부한 고단백 저지방 식품으로 다이어트, 피로 회복, 근력 강화, 성장, 질병 회복기에 좋은 식품입니다.

DRY FOOD RECIPES

단호박 프리타타

❋ 손님 초대 요리 ❋

프리타타는 우리나라 달걀찜처럼 만들어 먹는 이탈리아 요리예요. 들어가는 재료는 냉장고에 남은 식재료 중 어떤 것을 사용해도 상관없어요. 다만 달걀, 생크림, 우유의 비율은 맞추어 주는 것이 좋아요. 색을 내고 싶거나 장식하고 싶은 재료는 맨 위에 얹어서 익혀주세요.

 **재료** 단호박 1/2개, 방울토마토 6가, 마늘종 3줄, 베이컨 3줄, 달걀 3개, 생크림 3큰술, 우유 1/2컵, 파마산 치즈 가루 2큰술, 파슬리 가루 1작은술, 소금 약간, 후추 약간

 만들기

1. 단호박을 쪄서 익힌 뒤 한입 크기로 썰어 건조한다.
   건조기능 70℃에서 5시간
2. 방울토마토는 반으로 자르고, 베이컨은 2cm, 양송이버섯은 1/4등분, 마늘종은 3cm 길이로 썬다.
3. 볼에 건조한 단호박, 2의 재료, 달걀, 생크림, 우유, 파마산 치즈 가루, 파슬리 가루, 소금, 후추를 넣고 섞는다.
4. 오븐 용기에 3을 모두 담아서 180℃로 예열한 오븐에서 20분간 구워 완성한다.

1. 파마산 치즈는 음식의 고소한 맛과 풍미를 더해주며, 주로 샐러드나 파스타 요리에 많이 사용해요. 기호에 따라 블루 치즈, 체다 치즈 등을 사용해도 좋아요.
2. 프리타타는 달걀과 채소, 육류, 치즈 등 원하는 재료를 취향에 따라 넣어 만드는 이탈리아식 오믈렛이에요.

단호박에는 항산화 비타민A, 비타민C, 비타민E가 풍부하게 함유되어 있으며 점막과 피부 면역력을 높여주는 베타카로틴이 풍부합니다. 단호박의 노란색은 베타카로틴이 내는 색으로 베타카로틴은 천연 카로티노이드 600여 종 중 하나로 강력한 항산화 성분입니다. 체내에서 비타민A로 변환되어 호흡기 점막을 비롯한 점막을 보호하여 감염에 대한 저항력을 높여주고 피부의 건조와 노화를 막아주는 역할을 합니다.
베타카로틴의 발암 억제 효과는 이미 잘 알려져 있으며 세포막이나 유전자를 해치는 활성산소의 작용을 억제하고 암세포의 세포 분열 주기를 멈추게 합니다.

DRY FOOD RECIPES
썬드라이드 토마토 통밀 타코
❀ 손님 초대 요리 ❀

썬드라이드 토마토는 한 번 만들어두면 여기저기 활용하기 좋은 식재료예요. 아보카도의 진하고 부드러운 맛과 닭가슴살의 담백한 맛, 그리고 토마토의 깊은 맛이 어우러져서 맛의 균형이 매우 뛰어난 요리예요. 이때 매운맛을 더하고 싶다면 할라피뇨의 양을 늘려주면 더욱 강한 맛을 낼 수 있어요.

재료

방울토마토 20알, 통밀 토르티야 2장, 닭가슴살 2개, 양파 1/3개, 적채 1/4개, 어린잎 한 줌, 오레가노 약간, 올리브유 약간, 소금 약간, 후추 약간, 로즈마리 한줄기

드레싱 재료 (아보카도 드레싱)

아보카도 1개, 할라피뇨 1개, 레몬즙 2큰술, 올리브유 5큰술, 발사믹 소스 1/2컵, 사워크림 1/2컵

 **만들기**

1. 방울토마토는 반으로 자른 후, 오레가노와 올리브유, 소금에 버무려 건조한다.
   건조기능 70℃에서 4시간
2. 닭가슴살은 소금, 후추, 올리브유어 밑간을 하고, 양파와 적채는 채 썬다.
3. 팬에 올리브유를 두르고 로즈마리를 넣어 2의 닭가슴살을 굽는다.
4. 분량의 아보카도 드레싱 재료를 믹서에 넣고 간다.
5. 통밀 토르티야 위에 4의 드레싱을 바르고, 2의 채소와 3의 닭가슴살, 1의 썬드라이드 토마토를 올려 반으로 접어 팬에서 굽는다.
6. 5에 어린잎과 1의 썬드라이드 토마토를 올려서 완성한다.

 **HANNAH'S TIP**

1. 썬드라이드 토마토는 말린 트마토와 올리브유로 만든 자연 조미료예요.
2. 토르티야가 없을 경우 만두피를 사용해도 무관해요. 완성한 타코를 팬이나 오븐에서 구워 먹으면 바삭한 타코를 즐길 수 있어요.
3. 기호에 따라 고수 또는 바질이나 오레가노 등의 허브를 아보카도와 할라피뇨, 레몬즙과 함께 믹서에 갈아서 사용해도 좋아요.
4. 타코는 옥수수 가루나 밀가루 등으로 반죽한 토르티야로 만든 멕시코식 샌드위치로 멕시코 전통 음식이에요.

 **DOCTOR'S TIP**

토마토의 비타민C와 루틴 성분은 모세혈관을 튼튼하게 해주는 성분으로 뇌혈관 질환에 탁월합니다. 토마토에는 피로 회복에 좋은 글루타민산이 풍부합니다. 토마토의 붉은색 색소를 이루는 리코펜 성분은 피로를 유발하고 노화의 원인이 되는 활성 산소를 억제합니다. 또한, 강력한 항암 작용과 동맥의 노화 진행을 늦추는 효과가 있는데, 생것보다는 익혀서 먹는 것이, 덩어리보다는 다지거나 으깨서 먹는 것이 리코펜의 흡수율을 높이는 방법입니다. 올리브유를 곁들이면 생 토마토를 먹었을 때보다 리코펜을 9배 이상 많이 흡수할 수 있습니다.

DRY FOOD RECIPES
말린 고갈비
❊ 손님 초대 요리 ❊

말린 고등어에 된장 양념을 발라서 구웠기 때문에 담백하고 구수한 맛이 특징이에요. 특히, 고등어는 DHA가 풍부해서 아이들에게 좋은 식재료예요. 수삼 된장 양념은 고갈비 외에도 다른 나물을 무치거나 구울 때 사용해도 아주 좋답니다.

재료

고등어 1마리, 부추 한 줌, 홍고추 1/2개, 감자 전분 2큰술, 찹쌀 가루 2큰술, 정종 1작은술, 해바라기유 3큰술, 소금 약간, 후추 약간

양념 재료 (수삼 된장 양념)

수삼 한뿌리, 된장 2큰술, 죽염 1/2작은술, 청주 1작은술, 황설탕 1작은술, 다진 마늘 1/2작은술, 참기름 1작은술

 **만들기**

1. 손질된 고등어를 소금, 후추, 정종으로 밑간을 한 뒤 반건조한다.
   - 건조기능 50℃에서 5시간
2. 부추 두 줄기는 송송 썰고, 나머지는 5cm 길이로 썰며, 홍고추는 어슷썰기 한다.
3. 분량의 수삼 된장 양념 재료를 믹서에 간다.
4. 1의 반건조한 고등어를 감자 전분과 찹쌀 가루를 묻혀 초벌구이한다.
5. 4의 초벌구이 한 고등어에 3의 양념을 발라 해바라기유를 두른 팬에 굽는다.
6. 구운 고등어는 부추를 깔고 올린 후, 송송 썬 부추와 홍고추를 올려 완성한다.

 **HANNAH'S TIP**

1. 고등어에 정종 등으로 밑간을 하면 비린내를 잡을 수 있어요.
2. 생선을 구울 때 전분 가루 또는 찹쌀 가루를 묻혀 구우면 노릇하고 겉은 바삭하며 속은 촉촉한 생선구이를 만들 수 있어요.
3. 고등어에 양념을 바르고 랩을 씌워 냉장고에서 20~30분 정도 숙성시키면 속까지 양념의 맛과 향이 깊게 배어요.
4. 고등어는 조리하기 전에 소금을 뿌려두면 수분이 빠져나가 살이 단단해지고 맛이 좋아져요.

 **DOCTOR'S TIP**

고등어는 단백질이 풍부한 생선이기도 하지만 오메가3지방산으로 잘 알려진, EPA가 어류 중에서 가장 풍부하며 DHA 함량도 높습니다. 고등어 100g당 불포화지방산 함량은 8g입니다. 오메가3지방산은 동맥경화, 혈전증, 고혈압, 심장 질환 등 각종 성인병 예방에 효과적이고, 기억력과 두뇌 활동을 활발하게 하여 치매 예방에도 좋으며 몸의 각종 염증 반응도 완화해줍니다. 오메가3지방산은 기분을 관장하는 두뇌 화학 물질인 도파민고 세로토닌의 수치를 높여 우울증을 예방하는 효과도 있습니다.

DRY FOOD RECIPES
찹쌀 표고 탕수육
❋ 손님 초대 요리 ❋

말린 표고버섯에 반죽을 입혀서 튀기면 꼭 고기를 튀긴 것과 비슷한 식감이 나요. 이렇게 튀긴 표고버섯에 소스를 곁들여 주면 더욱 맛이 있지요. 불린 콩을 넣고 갈아서 만든 사과 콩물 소스는 고소하고 담백한 맛이 나는 게 특징이에요.

재료

표고버섯 10개, 빨간 파프리카 1/2개, 피망 1/2개, 대파 1/4개, 말린 토마토 1개, 찹쌀 가루 2큰술, 식용유 3컵, 소금 약간, 후추 약간

튀김 반죽
전분 1/2컵, 찹쌀 가루 1컵, 물 1과 1/3컵, 소금 약간

소스 재료 (사과 콩물 소스)
불린 콩 1/4컵, 물 3/4컵, 사과 1/3개, 사과청 3큰술, 계핏가루 1/2작은술, 버터 1큰술, 녹말 1큰술, 물 1큰술, 소금 약간

 만들기

1. 손질한 표고버섯은 소금, 후추로 밑간을 한 뒤 4등분으로 썰어 건조한다.
   🔲 건조기능 60℃에서 6시간
2. 빨간 파프리카와 피망은 한입 크기로 썰고 대파는 채 썬다.
3. 분량의 튀김 반죽 재료를 섞어 반죽을 만든다.
4. 건조한 표고버섯에 찹쌀 가루를 골고루 묻힌 뒤, 3의 반죽을 묻혀 180℃ 기름에서 2번 튀긴다.
5. 녹말과 물을 제외한 분량의 사과 콩물 소스 재료를 믹서에 넣고 간다.
6. 5에 2의 채소를 넣고 졸이다가 녹말 물을 넣고 농도를 맞춘다. 4의 표고버섯을 넣고 빠르게 볶은 후, 채 썬 대파와 말린 토마토를 다져서 올린다.

1. 표고버섯을 탕수육이나 조리용으로 건조시킬 때 끓는 물에 데쳐 사용하면 속은 촉촉하고 겉은 쫄깃하게 건조할 수 있어요.
2. 채소를 볶을 때는 아삭함을 위해 숨이 죽지 않도록 살짝 볶아주세요.
3. 표고버섯을 튀길 때 한 번에 많이 넣으면 찹쌀 반죽끼리 붙어서 튀긴 옷이 벗겨지니 조금씩 넣고, 너무 빨리 뒤집지 않아야 해요.
4. 튀김을 튀길 때 고온의 기름에서 2차로 한 번 더 짧게 튀겨주면 바삭함이 더욱 살아나요.
5. 콩물을 직접 만들면 좋지만 번거롭다면 시중에 판매하는 콩물이나 두유를 사용해도 괜찮아요.

표고버섯은 건강, 불로장수 식품으로 알려져 왔습니다. 표고버섯 속의 강력한 항바이러스 물질인 렌티논은 면역 기능을 활성화하고, 종양 증식 속도를 억제하여 실제로 항암 치료제로도 사용되고 있습니다. 표고버섯에는 세로토닌 합성에 중요한 역할을 하는 비타민B6가 들어 있어 정신 건강에도 도움을 주며, 에너지 대사의 조효소인 판토텐산도 들어 있어 활력을 주는 식품입니다. 표고버섯을 말리면 그 어떤 식품보다 영양 효능이 높아져 생 표고버섯보다 영양소 함량이 8~9배나 높아집니다. 엽산은 7배, 비타민D는 8.5배, 단백질은 10배, 비타민B6는 3.5배 증가합니다.

DRY FOOD RECIPES
말린 닭가슴살 그린카레
❀ 손님 초대 요리 ❀

닭가슴살은 너무 오래 말리면 단단해지기 때문에 반건조를 하는 것이 좋아요. 특히 미리 양념에 재웠다가 건조를 해야 감칠맛이 나요. 그린카레를 만들 때 닭가슴살을 사용하면 담백한 카레를 만들 수 있어요. 취향에 따라 견과류나 과일을 넣어서 만들어도 좋답니다.

재료
닭가슴살 2개, 코코넛 크림 1/4컵, 가지 1/3개, 애호박 1/3개, 양파 1/4개, 코코넛유 1과 1/2큰술, 카놀라유 약간, 소주 1큰술, 카레 파우더 1큰술, 다진 마늘 1큰술, 홍고추 약간, 소금 약간, 후추 약간

소스 재료 (타이 그린카레 소스)
그린카레 페이스트 150g, 코코넛 크림 1컵, 바질 잎 3장, 라임즙 1큰술, 태국고추 3개, 피쉬소스 1작은술, 설탕 약간

 **만들기**

1. 닭가슴살은 지방, 힘줄을 제거하고, 1cm 두께로 썰어 코코넛 크림, 카레 파우더, 소주에 버무린 뒤 반건조한다.
   건조기능 70℃에서 5시간
2. 가지와 애호박, 양파는 한입 크기로 썰고, 홍고추는 어슷썰기 한다.
3. 분량의 타이 그린카레 소스 재료를 믹서에 간다.
4. 팬에 코코넛유와 카놀라유를 두르고 다진 마늘, 양파, 가지, 애호박, 반건조한 닭가슴살을 넣고 볶다가 3의 소스와 소금, 후추를 넣고 끓인다.
5. 4가 끓으면 어슷썰기 한 홍고추를 올려 장식한다.

 **HANNAH'S TIP**

1. 닭가슴살은 지방이 적어 조금 질긴데, 우유와 향신료에 함께 재워 두면 육질이 연해지고 잡내를 제거할 수 있어요.
2. 원하는 닭가슴살 식감에 따라 건조 시간을 조절하세요.
3. 코코넛유와 코코넛 밀크를 사용해서 카레를 만들면 코코넛 특유의 고소하고 깊은 풍미가 카레와 어우러져 부드러워져요. 카레의 농도는 코코넛 밀크의 양으로 조절할 수 있어요.

 **DOCTOR'S TIP**

필수아미노산이 충분히 들어 있는 동물성 단백질 중 닭고기가 으뜸이며 성장기, 다이어트, 질병 회복기, 보양식 재료로도 오래전부터 각광받고 있습니다. 그중에서 지방 비율은 거의 없고 양질의 단백질로 구성된 닭가슴살은 다이어트 식품으로도 빠지지 않는 메뉴입니다. 닭가슴살을 말려서 먹으면 단백질 함량이 높아지고 여기에 채소를 곁들이면 필수아미노산과 식이섬유, 비타민, 미네랄이 조화를 이루는 영양 시너지 요리가 됩니다.

Dry Food Recipes
닭가슴살 짜죠
❋ 손님 초대 요리 ❋

채소와 닭가슴살을 모두 넣고 갈아준 다음, 춘권피로 말아서 튀기면 맛있는 짜죠를 만들 수 있어요. 맛에 영향을 주는 것만 아니라면 다양한 재료를 넣고 갈아서 만들어보세요.

재료

춘권피 5장, 닭가슴살 1개, 숙주 한 줌, 다진 마늘 1큰술, 청주 2큰술, 식용유 3컵, 생강 가루 1작은술, 소금 약간, 후추 약간

소스 재료 (파인애플 오일 소스)

파인애플 1/4개, 다진 양파 3큰술, 다진 마늘 1큰술, 다진 셀러리 1큰술, 올리브유 3큰술, 레몬즙 2큰술, 아가베 시럽 1큰술, 피쉬소스 1작은술, 소금 약간

 만들기

1. 숙주는 끓는 물에 데친 후 건조한다.
   - 건조기능 60℃에서 5시간
2. 닭가슴살은 소금, 후추, 청주, 다진 마늘, 생강 가루를 넣고 밑간을 한다.
3. 블랜더에 1과 2를 넣고 간다.
4. 도마에 춘권피를 깔고 3의 속재료를 넣고 말아준다.
5. 4를 180℃ 기름에서 갈색이 나게 튀긴다.
6. 분량의 재료를 넣고 만든 파인애플 오일 소스를 곁들인다.

 **HANNAH'S TIP**

1. 짜죠는 베트남 전통 요리인데, 우리나라의 만두와 비슷하며 스프링롤이라고 불리기도 해요.
2. 춘권피는 밀가루, 녹말 가루, 달걀 등을 섞어서 전병처럼 만든 것으로 우리나라의 만두피와 비슷해요.
3. 춘권피를 대신해서 라이스페이퍼를 사용해도 좋아요. 춘권피는 바삭한 식감의, 라이스페이퍼는 쫀득한 식감의 짜죠를 만들 수 있어요.
4. 튀긴 음식의 열량이 걱정된다면, 달걀 물을 살짝 바르고 오븐에 구워도 좋아요.

 **DOCTOR'S TIP**

숙주는 콩이나 잡곡 종류를 물에 불려 발아시킨 새싹 채소의 하나로 녹두 싹을 틔운 것입니다. 콩이나 녹두일 때에 비해 싹으로 생겨날 때는 영양 성분이 많아지는데, 특히 식이섬유가 풍부해집니다. 녹두의 싹을 틔우면 소화효소인 아밀라아제, 디아스타제가 만들어져 소화가 잘 되고, 위장 운동이 좋아지며 식욕이 개선됩니다. 비타민B1, 비타민B2가 풍부하여 신진대사를 원활하게 해주며, 간 기능 개선, 숙취 해소에도 도움이 됩니다.

DRY FOOD RECIPES

양파 칩 리코타 치즈 연어 샐러드

❀ 손님 초대 요리 ❀

양파는 링 모양으로 말리면 음식을 장식할 때 활용하기 좋아요. 양파 특유의 냄새가 싫다면, 한 번 익혀서 말리는 것도 좋은 방법이에요. 말린 양파 칩은 냉장 보관해서 요리 재료뿐만 아니라 육수나 조미료로도 활용해보세요.

재료

연어 450g, 양파 3개, 빨간 파프리카 1/4개, 노란 파프리카 1/4개, 리코타 치즈 2컵, 레몬즙 1/4컵, 양상추 4장

소스 재료 (케이퍼 홀스래디쉬 크림 치즈 소스)
다진 케이퍼 1큰술, 홀스래디쉬 1큰술, 다진 양파 1큰술, 레몬즙 1큰술, 크림 치즈 3큰술, 레몬청 2작은술, 후추 약간

 만들기

1. 양파는 얇게 썰어 찬물에 담가 매운맛을 뺀 후에 건조한다.
   건조기능 40℃에서 7시간
2. 파프리카와 양상추는 채 썬다.
3. 연어는 얇게 썬다.
4. 그릇에 3의 연어를 깔고 리코타 치즈, 2의 채소, 1의 양파 칩을 올리고 레몬즙을 뿌린다.
5. 분량의 재료를 넣고 만든 케이퍼 홀스래디쉬 크림 치즈 소스를 곁들인다.

 **HANNAH'S TIP**

1. 양파 칩은 고온에서 건조하면 누렇게 갈변되기 때문에 저온에서 오랫동안 건조해야 해요.
2. 양파 칩은 밀폐 용기에 담아 냉장고에 보관하면 색이 변하지 않아요. 각종 육수나 조미료로 사용해도 좋고, 요리의 고명으로 활용해도 훌륭해요.
3. 홀스래디쉬는 서양 고추냉이 뿌리를 갈아서 만든 것으로 흰색의 소스예요. 느끼하거나 기름진 요리와 잘 어울려요.

 **DOCTOR'S TIP**

고대 피라미드 건설 노동자에게도 마늘과 함께 자양강장제로 제공되었다는 양파는 혈액을 맑게 해주는 식품입니다. 양파에 들어 있는 쿼세틴은 폴리페놀의 일종으로 항산화 작용이 뛰어나 혈관을 강화시키고 암과 노화를 유발하는 유해 산소를 제거하는 작용을 합니다. 가열해도 효능은 변하지 않으면서 매운맛은 줄일 수 있어 아이들에게 좋은 영양식이 되며 식이섬유, 칼슘, 아연 등 성분도 얻을 수 있습니다. 양파의 쿼세틴은 지방의 흡수를 억제해 체지방을 줄여주어 체중 감량에도 도움이 됩니다.

DRY FOOD RECIPES
쫀득한 돼지안심 냉채
❁ 손님 초대 요리 ❁

돼지안심은 쫀득한 질감이 생길 정도로만 건조하는 것이 좋아요. 너무 오래 건조하면 질기고 단단해져서 먹기에 힘들어요. 냉채에 살짝 건조한 돼지안심을 더한 요리예요. 더운 여름날 별미로 먹으면 입맛이 돌아온답니다. 특히, 손님상에 내어놓기도 좋은 요리예요.

재료

돼지안심 500g, 상추 3장, 빨간 파프리카 1/2개, 노란 파프리카 1/2개, 월계수 잎 1장, 통후추 1작은술, 물 5컵, 청주 4큰술

소스 재료 (사과 겨자 소스)

사과 1/2개, 겨자 1큰술, 식초 2큰술, 설탕 2큰술, 소금 약간, 물 약간

 **만들기**

1. 돼지안심은 물에 월계수 잎, 통후추, 청주를 넣고 삶은 후 건조한다.
   - 건조기능 50℃에서 1시간
2. 상추와 빨간 파프리카, 노란 파프리카는 채 썬다.
3. 겨자를 물에 갠 후 사과, 식초, 설탕, 소금, 물을 넣고 블랜더에 갈아 사과 겨자 소스를 만든다.
4. 1의 말린 돼지안심을 얇게 썰어 2의 채소와 3의 소스를 곁들인다.

1. 냉채는 계절 재료를 이용하여 차게 만들어 먹기 때문에 계절에 나는 재료의 종류에 따라서 다양하게 만들어 먹을 수 있어요.
2. 돼지안심은 살짝 말려야 표면은 쫀득하고 속은 부드러워요. 오래 말리면 질겨지니 유의하세요.

돼지고기에 대한 편견이 많은데 가장 큰 이유는 삼겹살과 같은 동물성 지방 때문이라고 할 수 있습니다. 돼지고기의 영양적 가치는 소고기나 닭고기에 비해 뒤지지 않으며 천연 단백질의 주요 공급원으로 지방(6%)보다 단백질(21.1%)이 3배 이상 많은 고단백 식품입니다. 돼지고기에 있는 지방에는 포화지방산도 있지만, 59%는 불포화지방산이라 몸에 좋은 지방의 비율도 높습니다. 특히, 저지방 부위인 안심은 육질이 부드럽고 지방이 적으며 필수아미노산과 비타민B1, 아연, 셀레늄이 풍부하여 간의 해독과 면역력 증진에 도움이 됩니다.

대표적인 영양 만점 말린 식재료

말린 음식은 이미 오래전부터 동서양의 요리에서 많이 이용되었습니다. 우리나라 전통 음식에도 많이 활용되고 있어 보관과 영양을 고려해서 식재료를 응용하는 선조들의 지혜가 돋보입니다. 우리가 이미 익숙하게 사용하고 있는 대표적인 말린 식품들은 어떤 것이 있는지, 또 이러한 식재료의 장점은 무엇인지 알아보겠습니다.

Q 말린 표고버섯의 효능은 무엇인가요?

A 표고버섯은 미국 식품의약청에서 10대 항암식품으로 권장하는 식품입니다. 표고버섯에는 강력한 항바이러스 물질인 '렌티난'이라는 다당체가 들어 있습니다. 이 렌티난은 체내 면역 기능을 활성화해주고, 종양의 증식 속도를 억제하는 효과가 있습니다.

표고버섯에는 풍부한 칼슘과 비타민D의 모체인 에르고스테롤을 많이 함유하고 있습니다. 비타민D는 햇볕에 말리는 과정에서 생기는 것이기 때문에 생 표고버섯에는 거의 들어 있지 않습니다. 에리타테닌은 다른 식재료에는 거의 없고 말린 표고버섯에 100g당 60~80mg 함유되어 있습니다. 표고버섯 속의 구아닐산이라는 성분은 말리는 과정에서 생성되어 감칠맛과 짠맛을 내는 역할을 하기 때문에 조미료 대신 활용해도 좋은 식재료입니다.

Q. 말린 무의 효능은 무엇인가요?

A 무말랭이는 대표적인 말린 음식입니다. 가을 김장철에 뽑은 무를 오랜 기간 반찬으로 먹을 수 있는 방법이 무말랭이입니다. 무를 말리면 생 무에 비해 영양가도 높고 식감도 좋으며 깊은 맛이 있습니다.

무를 말리면 단백질, 당분, 칼슘이 훨씬 높아지고 염분을 배출시키며 혈관을 튼튼하게 하는 칼륨이 많아집니다. 배변 운동에 좋은 식이섬유와 철분 함량도 높아집니다. 말린 무청 100g에는 싱싱한 큰 무 한 개에 맞먹는 식이섬유가 들어 있습니다. '겨울에는 무, 여름에는 생강을 먹으면 의사를 볼 필요가 없다'라는 말이 있을 만큼 무의 효능은 산삼에 버금간다고 합니다.

Q. 말린 가지의 효능은 무엇인가요?

A 여름 채소 중 대표적인 블랙 푸드인 가지는 수분이 많은 채소라서 말려서 먹으면 영양밀도가 매우 높아집니다. 가지에는 식이섬유가 많아서 장운동에 도움이 되고 몸에 좋은 유산균의 먹이로 면역력을 높이는 데 도움을 줍니다.
가지는 저 열량, 고 식이섬유, 고 칼륨 식품으로 변비를 예방하며 콜레스테롤도 낮추어 혈관질환도 예방할 뿐만 아니라 독소 배출에 도움을 줍니다. 또한, 칼륨이 풍부하여 나트륨 배출을 도와주어 부종을 개선하고 혈액 순환을 원활하게 해줍니다. 특히, 말렸을 때 식이섬유는 10배 이상 증가하며, 칼륨도 10배 이상 증가합니다.

Q. 말린 포도의 효능은 무엇인가요?

A 대표적인 말린 과일이 바로 건포도입니다. 건포도는 항산화 성분이 풍부한 대표적인 과일로 콜레스테롤이나 지방이 없고 식이섬유가 풍부하여 동맥경화, 고지혈증, 심장질환 등 성인병 예방뿐만 아니라 다이어트에도 효과적입니다. 건포도의 다양한 효능이 최근 새롭게 주목받으면서 사람들의 관심도 높아져 건강식으로 새로이 인기를 얻고 있습니다. 포도에서 가장 영양 성분이 많은 껍질을 그대로 건조시켜 만들었기 때문에 포도에 비해 영양분이 5배 이상 농축돼 있습니다.

Q. 말린 배추의 효능은 무엇인가요?

A 사계절 우리 식탁에서 가장 친숙한 채소인 배추는 칼로리가 낮은 식품이지만, 항산화 성분인 비타민C와 전신 신진대사에 도움이 되는 비타민B1, 비타민B2가 풍부하며, 특히 칼슘은 멜론의 5배가 넘을 정도로 영양에 풍부합니다. 신진대사를 좋게 하고 면역력을 높여주는 비타민과 미네랄이 풍부한 배추는 겨울철 감기 예방에도 도움이 됩니다. 말려서 먹거나 삶거나 볶으면 수분이 빠져나가면서 다량의 식이섬유를 섭취할 수 있어 장운동에 도움을 줍니다.

part. 05

간식 만들기

Dry food recipes
바나나 추로스
❋ 간식 ❋

추로스는 아이들이 좋아하는 간식이에요. 하지만 밀가루와 튀긴 음식이라는 점 때문에 아이들에게 마음 놓고 주기가 힘들어요. 그래서 바나나로 추로스를 만들어봤어요. 바나나를 시럽에 재웠다가 말리면 모양과 맛 모두 추로스와 비슷하게 만들 수 있어요. 재우는 시럽의 향과 재료를 다르게 하면, 또 다른 맛의 추로스가 완성된답니다.

재료

바나나 3개, (오가닉 홀 케인)설탕 5작은술, 메이플시럽 5큰술, 계핏가루 2큰술

휘핑크림 재료 (레몬제스트 휘핑크림)

레몬제스트 1큰술, 바닐라빈 1/2개, 휘핑크림 1컵

 만들기

1. 메이플 시럽에 설탕을 넣고 잘 녹인 후, 계핏가루를 섞는다.
2. 바나나에 **1**의 시럽을 바른 후 건조한다.
   - 건조기능 40℃에서 18시간
3. 분량의 재료를 넣고 만든 레몬제스트 휘핑크림을 곁들인다.

1. 추로스는 밀가루, 소금, 물로 갠든 반죽을 기름에 넣어 튀긴 긴 막대 모양의 스페인 전통 요리로 설탕과 계핏가루를 묻힌 것이 특징이에요.

2. 건조 시간에 따라 바나나의 쫀득함을 조절할 수 있어요. 또한, 저온에서 건조하면 바나나의 색을 유지할 수 있어요.

3. 오가닉 홀 케인 설탕은 농약과 화학 비료를 사용하지 않고 재배한 사탕수수로 만든 설탕으로 다른 설탕에 비해 미네랄과 비타민 등이 풍부합니다.

4. 레몬제스트는 기호에 따라 라임제스트로 대체해도 좋아요.

바나나는 다이어트 식품으로도 알려져 있지만, 때로는 훌륭한 에너지 보급원이 됩니다. 전분도 함유되어 있고 지속력이 있어 뇌 영양이 부족할 때 섭취하면 즉각적인 효과가 있습니다. 식이섬유와 칼륨이 풍부하여 변비 예방, 장 운동과 독소 배출에 좋으며 VB6(피리독신)이 들어 있어 신경 안정에도 좋습니다. 바나나를 말리면 단맛이 증가하고 소화가 더 잘 되며 항산화력도 강화되지만, 칼로리에 주의해 섭취해야 합니다.

DRY FOOD RECIPES
말린 새우 칩
❋ 간식 ❋

새우 살과 향신 채소를 같이 넣고 갈면 걸쭉해져요. 이런 걸쭉한 상태 그대로 크래커나 빵에 발라먹어도 좋지만, 토르티야나 만두피에 발라서 말리면 맛있는 칩을 만들 수 있어요. 이렇게 만든 새우 칩은 맥주 안주로도 그만이지요.

재료

토르티야 3장, 익힌 새우 살 1컵, 파슬리 가루 1큰술, 다진 마늘 1큰술, 양파 1/4개
레몬즙 1작은술, 설탕 1큰술, 소금 약간, 후추 약간

소스 재료 (토마토 케요 소스)

다진 토마토 4큰술, 다진 양파 2큰술, 레몬즙 1큰술, 아가베 시럽 1작은술,
토마토케첩 3큰술, 마요네즈 1과 1/2큰술, 후추 약간

 **만들기**

1. 익힌 새우 살과, 파슬리 가루, 다진 마늘, 양파, 레몬즙, 설탕, 소금, 후추를 블랜더에 갈아서 새우 반죽을 만든다.
2. 토르티야를 팬에 앞뒤로 노릇하게 굽는다.
3. 팬에 구운 토르티야 위에 **1**의 새우 반죽을 펴 바르고 건조한다.
   건조기능 70℃에서 5시간
4. 분량의 재료를 넣어 만든 토마토 케요 소스를 곁들인다.

 **HANNAH'S TIP**

1. 원하는 새우의 식감에 따라 건조 시간을 조절해보세요.
2. 토르티야 대신 식빵이나 바게트 등을 사용해도 좋아요.
3. 토마토 케요 소스는 토마토케첩과 마요네즈를 혼합한 소스로 새우나 해산물 요리에 매우 잘 어울려요.
4. 원하는 맛에 따라 토마토케첩과 마요네즈의 비율을 조절하세요.
5. 소스에 토마토와 양파 또는, 각종 향신료를 넣으면 살사 소스 같은 먹시칸 요리의 느낌을 줄 수 있어요.

 **DOCTOR'S TIP**

새우는 칼슘과 타우린, 키토산이 풍부한 식품으로 고단백 저지방 식품입니다. 또한, 다이어트, 피로 회복, 근력 강화, 성장, 질병 회복기에 좋은 식품입니다. 칼슘이 매우 풍부하여 성장기와 임신, 수유기, 노년기에 필요하고 양질의 단백질 식품으로 피부 미용, 성장, 발육뿐만 아니라 면역력 향상에도 도움을 줍니다. 타우린은 콜레스테롤 수치를 정상화하는 데 도움을 주며 노화를 방지하는 데 도움이 됩니다.

Dry food recipes

퀴노아 에너지바
※ 간식 ※

퀴노아 에너지바는 영양 간정으로 활용하기 좋아요. 운동을 할 때 간편하게 가지고 다니거나 간단한 아침 식사로 든든하게 먹을 수 있어요. 견과류가 많이 들어가서 포만감이 높아요. 견과류와 말린 과일은 취향에 따라 다른 것으로 대체해도 괜찮아요.

 **재료** 퀴노아 크리스피 2컵, 아몬드 슬라이스 1/2컵, 호두 분태 1/2컵, 달린 크랜베리 1/4컵, 올리고당 1큰술, 황설탕 5큰술, 물 2와 1/2큰술

1. 퀴노아 에너지바는 냉동실에 보관해 두고 간식이나 외출 시 휴대 간식으로 사용하기 좋아요.
2. 퀴노아는 '신이 내린 곡물'이라고 불리며 단백질과 비타민, 미네랄 등이 다량 함유되어 최근에 주목받는 식품 중 하나예요.
3. 퀴노아 에너지바가 굳혀지는 정도는 설탕의 비율에 따라 조절할 수 있어요. 설탕이 많이 들어갈수록 단단하게 굳어요.

 **만들기**

1. 아몬드 슬라이스, 호두 분태를 팬에 볶는다.
2. 팬에 분량의 올리고당과 황설탕, 물을 넣고 시럽을 만든다.
3. 1의 볶은 견과류와 퀴노아 크리스피, 말린 크랜베리를 2의 시럽에 넣고 버무린다.
4. 사각 틀에 3의 반죽을 넣고 눌러가면서 모양을 잡아주고 건조한 후 먹기 좋게 자른다.

　건조기능 60℃에서 8시간

퀴노아는 볼리비아나 칠레, 페루 등 남미 안데스 고산지대에서 5000년 전부터 재배하여 먹었던 식용 곡물입니다. 고산지대 사람들이 고산병에 걸리지 않은 이유가 퀴노아 때문이라고도 합니다. 그만큼 퀴노아는 영양 성분이 풍부한 음식으로 다른 곡물에 비해 필수 아미노산이 고르게 들어 있고 단백질 함량이 높습니다. 미국과 호주 당뇨병 협회는 제2형 당뇨 환자에게 당질 지수가 낮은 퀴노아 섭취를 권장하고 있습니다.

DRY FOOD RECIPES
깜빠뉴 러스크
※ 간식 ※

튀기지 않고 건조시켜서 만든 러스크예요. 빵의 종류에 따라서 딱딱하게 마르는 빵도 있기 때문에 취향대로 만들 수 있어요. 말린 빵은 오래 보관할 수 있어서 집에 두고 간식으로 먹기 좋아요. 만드는 방법도 간단해서 아이들과 함께 만들 수 있어요. 빵 외에도 만두피나 토르티야 등으로 만들어보세요.

재료

깜빠뉴 7조각, 버터 1과 1/2큰술, 우유 1/2컵, 생크림 1/4컵, 자일로스 설탕 5큰술, 계핏가루 1큰술, 설탕 1큰술

 만들기

1. 깜빠뉴를 원하는 크기로 잘라 1차 건조한다.

   건조기능 50℃에서 2시간

2. 볼에 버터와 우유, 생크림, 자일로스 설탕을 넣고 끓이다가 시럽을 만든다.
3. 1의 깜빠뉴를 시럽에 넣어 흡수시키고 2차 건조한다.

   건조기능 70℃에서 5시간

4. 완성된 깜빠뉴에 분량의 계핏가루와 설탕을 섞어서 골고루 뿌린다.

1. 수분이 적은 과자를 러스크라고 부르는데, 수분 함량이 낮아 오래 보관할 수 있고 소화가 잘 돼요.
2. 빵에 우유를 흡수시켜 건조하면 풍미뿐만 아니라 영양도 좋아져요.
3. 자일로스 설탕을 구할 수 없다면 일반 설탕으로 대체해도 괜찮아요.

빵을 건조시켜 말리는 경우 보관이 용이하여 오래 두고 먹을 수 있고 색다른 식감을 맛볼 수 있습니다.

DRY FOOD RECIPES
말린 절편 타르트
❋ 간식 ❋

떡은 먹고 싶어서 샀다가도 냉동실 한편을 오래 차지하고 있는 애물단지가 되는 경우가 많아요. 이렇게 먹다가 남은 떡이 있을 때 타르트를 만들어두면 별미로 즐길 수가 있어요. 특히, 떡은 밤이나 팥과 맛이 잘 어울리기 때문에 함께 사용하면 좋아요.

재료 절편(가래떡) 20조각, 팥 앙금 2컵, 절인 밤 1/2컵, 다진 견과류 1/2컵, 대추 1개, 조청 2큰술, 참기름 1작은술, 민트 잎 한줄기

 **만들기**

1. 절편을 굵게 다져서 조청, 참기름을 넣고 타르트 판에 깔아서 건조한다.
   - 건조기능 70℃에서 4시간
2. 1의 건조한 절편 안에 팥 앙금, 다진 견과류, 절인 밤 순서로 타르트 위에 올린 뒤 건조한다.
   - 건조기능 50℃에서 1시간
3. 2의 타르트는 대추와 민트로 장식한다.

 **HANNAH'S TIP**

1. 절편을 대신해서 인절미 혹은 먹고 남은 떡을 해동해서 사용해도 좋아요.
2. 타르트 판이 없다면 종이컵을 이용해도 돼요. 종이컵 안쪽 면에 참기름이나 식용유 등을 발라서 사용하면 손쉽게 떨어져 쉽게 조리할 수 있어요.
3. 기호에 따라 팥 앙금과 원하는 견과류 등을 추가해도 좋아요.
4. 팥 앙금이 충분히 달기 때문에 조청의 양은 입맛에 맞게 조절하세요.

 **DOCTOR'S TIP**

주로 떡을 만들 때 많이 쓰는 팥에는 단백질과 비타민B1, 비타민B2, 비타민E가 들어 있고, 소량의 나트륨과 식이섬유, 인, 철분, 칼륨 등 다양한 영양소를 지니고 있습니다. 이런 성분들은 노폐물, 독소 등을 배출하는 해독 역할을 하며 신진대사를 활발하게 해줍니다. 또한, 팥에 들어 있는 사포닌 성분은 피로 회복과 함께 피부 보호 기능이 있어 피부를 맑고 생기 있게 해줍니다. 팥에는 식이섬유도 풍부하여 위장 운동을 돕고, 배변 활동을 촉진하며, 포만감을 주어 다이어트에도 좋은 음식입니다.

DRY FOOD RECIPES
곶감 메밀 그래놀라
❀ 간식 ❀

바쁜 아침에 간단하게 먹을 수 있는 것이 바로 그래놀라예요. 이러한 그래놀라를 슈퍼푸드(superfood)로 만들 수 있어요. 만들 때 반죽의 농도는 곶감으로 조절하고 당도는 아가베 시럽으로 조절하세요. 만약, 고소한 맛을 더 원한다면 건과류의 양을 늘려주는 것도 좋아요.

 **재료**

곶감 3개, 메밀 3큰술, 렌즈콩 3큰술, 해바라기씨 3큰술, 아몬드 슬라이스 1/2컵, 오트밀 5큰술, 아가베 시럽 3큰술, 계핏가루 1작은술

 만들기

1. 곶감, 메밀, 렌즈콩, 해바라기씨, 아몬드 슬라이스, 오트밀, 아가베 시럽, 계핏가루를 블랜더에 넣고 간다.
2. 1의 그래놀라 반죽을 1~2cm 두께로 펼쳐서 건조한 다음, 먹기 좋은 크기로 부순다.

   건조기능 70℃에서 5시간

 **HANNAH'S TIP**

1. 곶감 표면의 흰 가루는 곰팡이가 아니라 당분을 나타내는 것인데, 흰 가루가 많을수록 달콤한 곶감이에요.
2. 메밀과 각종 곡물은 물에 불려 사용하면 속까지 수분이 배어 딱딱하지 않고 식감이 좋아져요.
3. 아가베 시럽을 메이플 시럽이나 조청, 꿀 등으로 대체해도 좋아요.
4. 그래놀라는 다양한 종류의 곡물과 견과류, 말린 과일을 시럽과 소스 등과 혼합해 뭉쳐서 만든 식사 대용 요리예요.

 **DOCTOR'S TIP**

'렌틸콩'이라 불리는 렌즈콩은 2007년 미국의 건강 전문 잡지인 '헬스(Health)'에서 세계 5대 건강 식품으로 선정된 웰빙 식품입니다. 지중해 그리스가 원산지로 고대 유럽인들이 죽으로 만들어 먹던 식재료이며, 인도에서는 카레나 수프에 넣어 렌즈콩을 주식처럼 사용하기도 합니다.

다른 콩과류와 같이 고단백 식품으로 비타민B1, 비타민B2, 비타민B6, 비타민C, 비타민E, 엽산, 나이아신, 비타민K와 칼륨, 칼슘, 철분, 마그네슘, 인, 아연 등 6대 영양소가 고르게 포함되어 완전 식품에 가깝습니다.

DRY FOOD RECIPES
말린 과일 칩 퐁듀
❀ 간식 ❀

말린 과일을 이용해서 퐁듀를 만들어 보았어요. 이렇게 말린 과일은 생으로 먹는 과일보다 당도가 높기 때문에 다크 초콜릿을 이용해도 좋아요. 미리 만들어 두었다가 두고두고 먹을 수 있다는 것이 가장 큰 장점이에요. 과자처럼 미리 초콜릿과 견과류를 묻혀 두면 더욱 간편하게 먹을 수 있어요.

재료 키위 2개, 파인애플 1/4개, 사과 1개, 바나나 1개, 딸기 7개, 초콜릿 1컵, 다진 견과류 1/4컵

 만들기

1. 딸기는 반으로 자르고 키위, 파인애플, 사과, 바나나는 1cm 두께로 썰어 건조한다.
   건조기능 70℃에서 7시간
2. 초콜릿은 녹기 좋은 형태로 다져서 중탕으로 녹인다.
3. 건조한 과일 칩에 중탕한 초콜릿을 묻히고, 견과류를 묻혀 완성한다.

1. 좋아하는 과일을 이용해서 다양한 과일 칩을 만들어보세요.
2. 과일을 얇게 썰수록 바삭한 과일 칩이 돼요.
3. 과일을 건조하기 전에 설탕 시럽을 살짝 묻혀서 건조하면, 과일의 색을 유지할 뿐만 아니라 향을 잘 보존할 수 있으며 더욱 달콤해져요.
4. 초콜릿을 중탕할 때 너무 높은 온도에서 하면 기름이 분리될 수 있어요. 중탕하는 물의 온도는 63~65℃가 적당해요.

키위 한 개를 먹으면 하루 비타민 권장량의 2.5배를 섭취할 수 있습니다. 키위를 건조하면 비타민C는 많이 줄지만 식이섬유나 다른 미네랄의 비율은 더욱 높아집니다. 키위는 지방과 나트륨 성분이 낮은데 반해 섬유질이 풍부해 변비에 좋고 소량에도 포만감이 느껴져 다이어트에도 효과적입니다.

파인애플에는 소화에 도움을 주는 단백질 분해 효소인 브로멜린과 신진대사를 활발하게 하고 간 대사를 도와 피로 회복에 좋은 비타민B1이 들어 있습니다.

DRY FOOD RECIPES

민트초코 칩 호두 쿠키
❊ 간식 ❊

밀가루를 넣지 않고도 쿠키를 만들 수 있어요. 캐슈너트를 이용해서 쿠키 반죽처럼 만들면 모양을 잡을 수 있어요. 캐슈너트가 아닌 다른 견과류를 이용하면 이러한 질감이 나오지 않으니 반드시 캐슈너트를 사용하세요. 고소한 맛이 좋고, 씹는 즐거움을 느낄 수 있는 쿠키예요.

 **재료**

캐슈너트 1컵, 아몬드 분말 2큰술, 아가베 시럽 2작은술, 민트 시럽 1큰술, 초콜릿 칩 2와 1/2큰술, 호두 분태 1/2컵, 소금 약간

 만들기

1. 캐슈너트, 아몬드 분말, 아가베 시럽, 민트 시럽, 소금을 푸드프로세서나 블랜더에 갈아 반죽을 만든다.
2. 1의 반죽에 초콜릿 칩과 호두 분태를 넣고 섞는다.
3. 종이호일을 깔고 숟가락으로 반죽을 떠서 납작하게 누르며 동그랗게 모양을 잡고 건조시켜 완성한다.

   건조기능 70℃에서 6시간

1. 민트초코 칩 호두 쿠키는 밀가루가 들어가지 않은 건강 간식이에요.
2. 초콜릿 칩을 대신해서 시중에 파는 초콜릿을 다져 넣어도 돼요. 기호에 따라 화이트 초콜릿을 사용해도 좋아요.
3. 민트 시럽은 시중에서 판매하는 것을 사용해도 좋지만, 직접 시럽을 끓인 뒤 민트 다진 것을 넣어 만들어 사용하면 더욱 좋아요.
4. 캐슈너트는 부드럽고 고소한 맛이 강하기 때문에 쿠키를 만들었을 때 풍미가 뛰어나요.
5. 캐슈너트가 아닌 다른 견과류를 이용하면 잘 뭉쳐지지 않을 수 있어요.

매일 한 줌의 아몬드를 섭취하면 콜레스테롤 수치를 건강하게 유지할 수 있습니다. 아몬드에는 콜레스테롤이 없고 아주 소량의 포화지방만이 포함돼 있어 건강한 식사와 간식거리를 원하는 현대인에게 적합한 식품입니다. 많은 연구에서도 아몬드가 심장 건강 유지에 기여한다는 사실이 밝혀졌는데 2003년 미국 식품의약청은 아몬드가 건강한 콜레스테롤 수치를 유지할 수 있도록 돕는다는 내용의 건강효능표시(health claim)를 승인한 바 있습니다. 아몬드에 들어 있는 단일불포화지방산은 혈관에 좋지 않은 LDL콜레스테롤을 낮추어 현대인에게 문제가 되는 심장병, 뇌졸중의 원인이 되는 혈관의 동맥경화를 예방해줍니다.

DRY FOOD RECIPES
말린 당근 브라우니 스틱
◈ 간식 ◈

말린 당근이 들어가서 씹는 맛이 있는 브라우니 스틱이에요. 똑같은 반죽으로 모양만 다르게 변형해서 여러 가지 형태로 만들 수 있는데, 카카오 파우더가 들어가면 브라우니나 초콜릿으로 손쉽게 만들 수 있어요. 같은 반죽을 두껍게 만들어서 케이크 틀에 넣고 말리면, 촉촉한 브라우니가 돼요.

재료
카카오 파우더 7큰술, 바닐라 엑기스 1작은술, 당근 1/2개, 아몬드 파우더 3큰술, 메이플 시럽 3큰술, 계핏가루 1작은술, 버터 1/2작은술, 설탕 1작은술, 물 2큰술, 소금 약간

 만들기

1. 당근은 곱게 채 썰어 설탕, 물과 함께 끓이다가 버터를 넣어 당근 토핑을 만든다.
2. 1과 카카오 파우더, 바닐라 엑기스, 아몬드 파우더, 메이플 시럽, 계핏가루, 소금을 모두 볼에 넣고 섞은 후, 냉장고에서 30분간 숙성시킨다.
3. 2의 숙성시킨 반죽을 스틱 모양으로 만들어 건조한다.

　건조기능 60℃에서 6시간

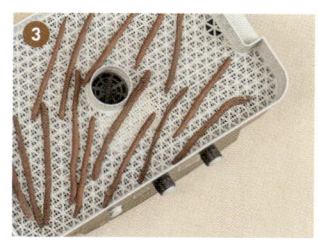

 **HANNAH'S TIP**

1. 반죽에 들어가는 시럽은 꿀, 조청, 아가베 시럽 등 다른 시럽으로 대체해서 사용해도 좋아요.
2. 밀가루가 들어가지 않은 간식으로 다이어트에도 좋은 영양 간식이에요.
3. 기호에 따라 견과류나 코코넛 칩, 말린 과일을 함께 반죽에 넣어도 좋아요.
4. 당근의 씹히는 맛을 느끼고 싶으면 굵게 채 썰어 사용하세요.

 **DOCTOR'S TIP**

당근은 비타민A의 주요 공급원으로 채소류 중 카로틴이 가장 많습니다. 당근을 생으로 먹을 경우 흡수율은 10% 정도밖에 되지 않지만, 익히거나 기름에 볶으면 흡수율이 30~50%로 상승합니다. 당근에 들어 있는 베타카로틴은 야맹증을 예방하고, 시력을 보호하는 작용을 하며, 비타민A는 피부를 윤기 있고 탄력 있게 하여 주름을 예방하고 피지선을 조절하여 피부 미용에 도움을 줍니다.

당근의 베타카로틴은 항산화 작용이 매우 뛰어나 항암 효과를 기대할 수 있으며, 호흡기 점막의 면역력을 높여주어 감기 예방, 호흡기 질환 예방에도 좋습니다.

DRY FOOD RECIPES
말린 고구마 감자 맛탕
❀ 간식 ❀

말린 고구마와 감자는 담백한 맛과 식감을 가지고 있으니 색다른 간식이 먹고 싶을 때 만들어보세요. 블루베리청뿐만 아니라 오디청이나 딸기청처럼 베리 종류로 만들어진 청이라면 모두 어울려요. 다만 신맛이 너무 강한 청은 피하는 것이 좋아요.

재료
고구마 1과 1/2개, 알 감자 6알, 냉동 베리믹스 1/2컵, 해바라기씨 1큰술, 라벤더 한줄기, 식용유 적당량

소스 재료 (블루베리청 맛탕 소스)
블루베리청 1/2컵, 물 1/4컵, 황설탕 4큰술, 포도씨유 2큰술

 만들기

1. 고구마와 알 감자는 깨끗이 씻어 찐 후, 원하는 크기로 잘라서 건조한다.
   건조기능 70℃에서 8시간
2. 170℃로 예열한 식용유에 건조한 고구마와 알 감자를 넣고 튀긴다.
3. 냄비에 블루베리청 맛탕 소스 재료를 넣고 설탕이 녹을 때까지 졸인다.
4. 3에 2와 냉동 베리믹스를 넣고 버무려 그릇에 담고 해바라기씨와 라벤더를 올려 완성한다.

1. 건조된 고구마와 알 감자를 맛탕으로 활용하면 겉은 바삭하고 속은 부드러우며 촉촉한 느낌의 색다른 맛탕을 만들 수 있어요.
2. 한 번 조리된 고구마와 감자는 튀길 때 쉽게 탈 수 있으니 주의하세요.
3. 맛탕 소스의 비율은 물:설탕:기름 = 1:3:2의 비율이 이상적이데요.
4. 맛탕 소스를 끓일 때는 설탕이 녹을 때까지 젓지 말고, 중약불에서 녹여주는 것이 중요해요.

감자는 당질이 많은 부분을 차지하고 식이섬유, 펙틴, 단백질이 들어 있으며 칼슘, 칼륨, 비타민B1, 비타민B2, 비타민C가 들어 있는 채소입니다. 특히, 비타민C는 가열하면 파고가 잘 되지만 감자의 경우 당질에 쌓여 있어 파괴가 적어서 건조를 시켜도 다른 채소보다 비타민의 파괴가 적습니다. 찌거나 삶는 방식으로 40분 이상 가열해도 비타민이 파괴되지 않아 비타민의 좋은 공급원이 됩니다. 유럽에서는 그런 이유로 감자를 '밭에서 나는 사과'라고 부르며, 실제로 사과보다 감자의 비타민C 함량이 2배 정도 높습니다.

DRY FOOD RECIPES
허니버터 오징어 구이
❀ 간식 ❀

영화를 볼 때 가장 어울리는 간식인 버터 오징어 구이예요. 이렇게 오징어 구이를 만들 때는 반건조하는 것이 훨씬 맛이 있어요. 만약에 완전히 마른 오징어밖에 없다면 오징어를 물에 불려서 사용하면 돼요. 또한, 볶을 때 수분을 보충하며 볶으면 촉촉하게 만들 수 있어요.

재료
오징어 2마리, 방울토마토 5개, 감자 1개, 소금 2큰술, 후추 약간, 파슬리 약간

소스 재료 (허니버터 소스)
버터 5큰술, 꿀 3큰술, 파마산 치즈 1큰술, 다슬리 가루 2작은술, 다진 마늘 1큰술

 만들기

1. 오징어는 소금으로 문질러 씻은 후 몸통의 껍질을 벗기고, 끓는 물에 데쳐 건조한다.
   - 건조기능 70℃에서 2시간 30분
2. 감자는 껍질을 벗겨 1X5cm 길이로 썰어 끓는 물에 데친다.
3. 볼에 분량의 재료를 섞어 허니버터 소스를 만든다.
4. 팬에 건조한 오징어와 감자, 방울토마토, 허니버터 소스를 넣고 함께 볶는다.
5. 소금, 후추로 간을 하고 파슬리를 뿌려 마무리한다.

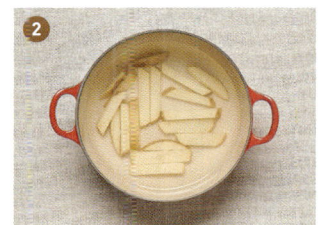

 **HANNAH'S TIP**

1. 기호에 따라 무염버터 또는 가염버터를 사용해도 좋아요.
2. 오징어는 굵은 소금을 이용해 문지르면 껍질을 제거하기 쉬워요. 마른 행주로 껍질을 잡아 뜯으면 껍질이 더욱 쉽게 벗겨져요.
3. 오징어를 데친 후 건조하면 냄새도 제거할 수 있고 부드러운 식감을 살릴 수 있어요.
4. 국내산 오징어는 다리가 수입산에 비해 짧고 굵으며, 흡반의 크기도 더 커요.
5. 파프리카 또는 양파, 어린잎 채소를 곁들이면 더욱 훌륭한 간식이 돼요.

 **DOCTOR'S TIP**

오징어는 고단백 저칼로리 식품이라 살짝 말리면 식감도 풍부해지고 영양분도 풍부하게 섭취할 수 있습니다. 오징어에는 몸에 좋은 필수 지방산인 EPA, DHA가 풍부하여 두뇌 활동을 활발하게 해주어 학습 능력, 기억력 향상, 치매 예방에 도움이 됩니다.
오징어 껍질에 풍부한 타우린은 아미노산의 일종으로 간의 콜레스테롤을 담즙산 형태로 배설하게 하여 알코올 분해 등 해독에 도움이 되며 피로 회복에 좋습니다. 오징어에 들어 있는 타우린은 소고기보다 16배, 우유보다 47배 정도로 많은데 이를 말리면 더욱 증가합니다.

DRY FOOD RECIPES
오렌지 마멀레이드
간식

오렌지를 말려서 잼을 만들면 오렌지의 농축된 맛을 즐길 수 있어요. 또한, 물컹물컹한 질감의 마멀레이드가 아닌 쫄깃한 마멀레이드를 맛볼 수 있지요. 이때 마멀레이드의 크기와 씹는 맛은 써는 정도와 말리는 시간에 따라 달라지니 취향에 따라 조절하세요.

 **재료** 　오렌지 5개, 물 2컵, (오가닉 홀 케인) 설탕 1과 1/2컵, 메이플 시럽 1/2컵, 소금 1/2큰술, 베이킹 소다 1컵, 레몬즙 1/2컵, 페퍼민트 한줄기

1. 마멀레이드는 신맛이 강한 오렌지, 자몽, 레몬과 같은 감귤류 과실을 가늘게 채 썰어 설탕에 졸인 것을 말해요.
2. 마멀레이드 같은 잼 종류의 요리를 할 때 바닥이 두꺼운 냄비를 사용하면 재료가 눌어붙는 것을 방지할 수 있어요.
3. 레몬즙과 같은 산성 성분을 넣어 주면 효소, 박테리아, 곰팡이, 효모의 성장을 억제시키는 효과가 있어 장시간 보관이 가능해요.
4. 원하는 마멀레이드의 농도와 과육의 정도에 따라 졸이는 시간을 조절하세요.
5. 끓으면서 기포가 올라오기 시작할 때, 계속 저어주면 튀는 것을 막을 수 있어요.

 만들기

1. 오렌지는 베이킹 소다에 문질러 씻은 후 1cm 두께로 채 썰어 건조한다.
　　건조기능 70℃에서 8시간
2. 바닥이 두꺼운 냄비에 건조한 오렌지와 레몬즙과 페퍼민트를 제외한 분량의 모든 재료를 넣고 센불에서 끓인다.
3. 끓기 시작하면 중불로 줄인 후, 건조한 오렌지와 레몬즙을 넣고 주걱으로 저어주며 끓인다.
4. 3의 양이 반 이상 줄면 약불로 줄여 농도가 걸쭉해질 때까지 졸인다.

오렌지의 주황색 색소에는 비타민C와 함께 항산화 작용을 하는 베타카로틴이 풍부하며, 플라보노이드의 일종인 플라바논도 들어 있어 항염, 항암 등의 효과를 기대할 수 있습니다.
오렌지 껍질의 흰 부분에 풍부한 플라보노이드 성분인 헤스페리딘은 모세혈관을 튼튼하게 해주고, 체지방을 분해하는 데 도움을 줍니다. 그래서 껍질까지 이용하는 마멀레이드는 오렌지의 항산화 효과를 잘 활용할 수 있는 조리법입니다.

DRY FOOD RECIPES

블루베리&아사이베리 스무디

❀ 간식 ❀

아사이베리는 건강에는 아주 좋은데, 그 맛이 그렇게 좋지만은 않아요. 게다가 우리나라에는 분말 형태로만 수입되기 때문에 어떻게 먹어야 하는지 난감할 때도 많아요. 이럴 때는 분말을 넣고 음료로 마시는 것이 가장 좋아요.

 **재료** 블루베리 2컵, 아사이베리 파우더 5큰술, 얼린 우유 1컵, 아가베 시럽 2큰술, 애플민트 한줄기

 만들기

1. 블루베리를 씻어서 건조한다.
    건조기능 60℃에서 12시간
2. 블랜더에 1의 건조한 블루베리, 아사이베리 파우더, 얼린 우유, 아가베 시럽을 넣고 갈아서 스무디를 완성한다.

1. 아사이베리는 할리우드 스타 미란다 커 등의 몸매 유지 비결로 알려지면서 건강 식품으로 주목받고 있어요. 아사이베리를 이용한 주스, 파우더, 영양 보조 식품들의 인기가 높답니다.
2. 우리나라에서 아사이베리는 스무디와 분말 형태로만 구할 수 있어요.
3. 아사이베리만 먹기에는 맛이 좋지 않으니 좋아하는 과일을 추가해서 만들어보세요.

블루베리는 타임스지가 선정한 10대 슈퍼푸드 중 하나이자 항산화제 및 식물 영양소가 풍부한 건강 식품입니다. 정기적으로 블루베리를 섭취하면 단기 기억력이 증진되고, 노화로 인한 세포 손상을 감소시킵니다. 블루베리의 껍질과 과육에 함유된 안토시아닌 색소는 천연 항산화 물질로 각광받고 있는데, 미국 농무부 조사에 따르면 현존하는 과일과 채소 중 블루베리가 가장 많은 양의 안토시아닌을 함유하고 있다고 밝혔습니다.

DRY FOOD RECIPES
캐슈너트 두유크림 애플 토르테
❋ 간식 ❋

애플 토르테는 만들기도 쉽고, 보기에도 예뻐서 선물하기에 좋아요. 특히, 집에서 케이크 대용으로 먹기에도 좋으니 특별한 날 미리 만들어 두었다가 사용해보세요. 장식으로 사과를 사용하면 말린 사과와 생 사과를 모두 맛볼 수 있답니다.

재료
사과 5개, 호두 1과 1/2컵, 아몬드 1컵, 아몬드 분말 1/2컵, 말린 크랜베리 1컵, 바닐라 엑기스 1작은술, 코코넛 밀크 1/4컵, 유기농 설탕 1/2컵, 레몬즙 3큰술, 계핏가루 1큰술, 아가베 시럽 1/2컵, 설탕 약간

크림 재료 (캐슈너트 두유크림)
캐슈너트 1컵, 두유 1/2컵, 아가베 시럽 2큰술, 바닐라 엑기스 1작은술, 한천 1큰술

 **만들기**

1. 분량의 캐슈너트 두유크림 재료를 블랜더에 간 후, 냉장고에서 숙성시킨다.
2. 사과는 1/4등분 해서 씨를 제거하고 얇게 썰어서 설탕 물에 담가둔다.
3. 분량의 호두, 아몬드, 말린 크랜베리, 아몬드 분말, 바닐라 엑기스를 블랜더에 넣어 크럼블 시트를 만든다.
4. 냄비에 분량의 코코넛 밀크, 아가베 시럽, 유기농 설탕, 레몬즙, 계핏가루를 넣고 졸여서 시나몬 글레이즈를 만든다.
5. 틀에 크럼블 시트의 반 정도의 양을 평평하게 깔고, 사과와 시나몬 글레이즈를 반복해서 쌓은 후에 건조한다.

🔲 건조기능 70℃에서 4시간

 **HANNAH'S TIP**

1. 토르테는 스펀지 시트에 잼 또는 크림, 과일 등을 샌드위치처럼 쌓아서 만든 독일식 케이크예요.
2. 밀가루와 버터, 달걀을 반죽한 스펀지 시트 대신에 견과류 시트를 사용했기 때문에 견과류의 고소함을 가진 영양 만점의 건강 간식이에요.
3. 사과를 얇게 썰 때는 채칼을 사용하면 쉬워요.
4. 크럼블 시트에 들어가는 견과류는 미리 물에 불린 후에 건조한 것을 사용하면 좋아요.

 **DOCTOR'S TIP**

캐슈너트는 견과류 중 식감이 부드럽고 담백하며 고소한 식재료로 콜레스테롤이 없고 식이섬유가 풍부합니다. 그래서 다이어트에 도움이 되며 성인병 예방에도 좋은 식재료입니다. 구리와 셀레늄, 마그네슘 등의 미네랄이 들어 있어 피부와 머릿결, 손톱을 건강하게 해줍니다. 캐슈너트에 함유된 식이섬유와 리놀레산은 혈관을 맑게 해주고 순환을 좋아지게 하여 심혈관 질환에 도움이 됩니다. 또한, 단백질도 풍부하여 어린이 성장과 기력 회복에도 도움이 됩니다.

DRY FOOD RECIPES
마카다미아 필링 초콜릿
❀ 간식 ❀

마카다미아, 꿀, 견과류를 넣고 믹서에 갈면 동그란 경단 모양을 만들 수 있어요. 이 요리는 달콤하면서 고소한 풍미가 좋아요. 여기에 초콜릿과 다진 견과류를 입혀서 씹을 때 고소함을 더 강하게 느낄 수 있어요. 설탕이 들어가지 않았기 때문에 건강하게 먹을 수 있는 초콜릿이에요.

 **재료** 다크초콜릿 1컵, 마카다미아 1컵, 다진 견과류 1컵, 꿀 2큰술, 물 3큰술, 소금 약간

 만들기

1. 마카다미아와 꿀, 다진 견과류 1/3컵, 소금, 물을 믹서에 넣고 갈아서 마카다미아 필링을 만든다. 필링은 50원 정도 크기의 동그란 모양으로 빚어 건조한다.
   건조기능 50℃에서 5시간
2. 다크초콜릿을 중탕한다.
3. 건조한 마카다미아 필링을 다크초콜릿에 굴린 뒤 다진 견과류 2/3컵을 묻혀 완성한다.

 **HANNAH'S TIP**

1. 필링은 파이나 초콜릿 등의 속을 채워주는 충전물을 뜻해요.
2. 마카다미아 필링을 만들 때는 물의 양을 조절해서 농도를 조절해요.
3. 초콜릿을 입히기 전의 필링 상태만으로도 맛이 좋아서 앙금 대신 활용하거나 타르트를 만들 때 활용해도 훌륭해요.
4. 마카다미아 필링을 만들 때는 재미있는 모양으로 다양하게 만들어보세요.

 **DOCTOR'S TIP**

마카다미아는 고급 견과류로 특유의 고소한 식감과 씹히는 맛이 브드럽습니다. 마카다미아에 들어 있는 불포화지방산은 두뇌 발달, 집중력과 기억력 향상에 도움을 주어 어린이뿐만 아니라 치매 예방에도 도움이 되며, 노화방지 비타민이라고도 불리는 비타민E 성분도 풍부하여 갱년기, 노년기에 좋은 간식이 될 수 있습니다.
마카다미아에는 칼슘도 풍부하여 어린이 뼈 성장과 골다공증의 예방에도 도움이 됩니다. 그러나 단위 g당 칼로리는 높은 편이어서 한 번에 많이 섭취하는 것은 좋지 않습니다.

Dry food recipes
바나나 메밀 타르트
❊ 간식 ❊

바나나는 말려서 사용하기 좋은 식재료 중 하나예요. 말린 상태 그대로 간식으로 먹어도 좋지만, 말린 바나나를 활용해서 간식을 만들어 보세요. 메밀이나 퀴노아 같은 곡물을 이용해 타르트 피를 만들면 고소한 맛과 함께 풍부한 과일을 즐길 수 있어요.

재료

바나나 3개, 체리 9개, 블루베리 13개, 아몬드 1/2컵, 메밀 1/2컵, 코코넛 파우더 1/2컵, 반건조 고구마 25g, 아가베 시럽 5큰술, 카카오 파우더 4큰술, 크림 치즈 200g, 메이플 시럽 3큰술, 계핏가루 1작은술, 소금 약간, 애플민트 약간

 만들기

1. 바나나는 어슷썰기로 썰어 건조한다.
   건조기능 70℃에서 5시간
2. 푸드프로세서에 분량의 아몬드, 메밀, 코코넛 파우더, 반건조 고구마, 아가베 시럽, 소금을 넣고 갈아 메밀 타르트 반죽을 만들어 타르트 팬에 깔고 건조한다.
   건조기능 70℃에서 5시간
3. 블랜더에 분량의 카카오 파우더, 크림 치즈, 메이플 시럽, 계핏가루, 소금을 넣고 갈아서 초콜릿 크림 치즈 필링을 만든다.
4. 2의 건조한 타르트 피에 3의 필링을 채운 뒤 1의 건조한 바나나를 올리고 체리와 블루베리, 애플민트로 장식해서 마무리한다.

 HANNAH'S TIP

1. 메밀 타르트의 반죽은 적당히 씹히는 느낌이 있고, 고슬고슬하게 뭉치는 정도로 갈아주면 돼요.
2. 아몬드를 대신해서 마카다미아를 사용하면 부드러운 식감의 타르트를 맛볼 수 있어요.
3. 타르트 판에 메밀 타르트 반죽을 꾹꾹 눌러가며 깔아야 높이가 균일하고 부서지지 않아요.
4. 크림 치즈의 칼로리가 부담스럽다면, 아보카도를 이용해보세요.

 DOCTOR'S TIP

체리는 신석기 시대부터 재배되던 역사가 오래된 과일로 작지만 영양과 효능 면에서 엄청난 힘을 가지고 있습니다. 체리에는 칼륨이 매우 풍부하여 짜게 먹는 우리나라 사람에게 꼭 필요한 식재료가 됩니다. 체리에는 항산화 성분인 안토시아닌과 쿼세틴이 들어 있는데 이들은 비타민C나 비타민E보다 항산화 기능이 훨씬 높아 세포의 손상을 막고 혈액을 깨끗하게 해줍니다. 또한, 체리에 풍부한 트립토판은 숙면을 도우며 신경 안정에도 효과적입니다.

DRY FOOD RECIPES
채소 크래커
❋ 간식 ❋

보통 아이들은 채소를 잘 먹지 않아서 난감할 때가 많아요. 그럴 때는 채소를 갈아서 말린 크래커를 만들어보세요. 아이들에게 채소를 먹이는 손쉬운 방법이랍니다. 이때 카레 가루를 넣어서 만들면 더욱 맛있는 크래커를 만들 수 있어요.

재료

호박씨 1/4컵, 다진 양파 1큰술, 파슬리 가루 1큰술, 다진 당근 2큰술, 다진 청파프리카 2큰술, 카레 가루 1/2작은술, 레몬즙 1큰술, 물 3큰술, 소금 약간

 만들기

1. 분량의 채소 크래커 재료를 블랜더에 모두 넣고 갈아 반죽을 만든다.
2. 건조기 트레이에 종이호일을 깔고, 1의 반죽을 얇게 펼친 후 건조한다.
   건조기능 40℃에서 8시간
3. 2를 원하는 모양으로 자른다.

1. 밀가루와 화학 조미료가 들어가지 않은 과자로 어린이 건강 간식으로 훌륭해요.
2. 기호에 따라 원하는 채소나 허브 등을 추가해도 좋아요.
3. 호박씨를 해바라기씨 등 각종 견과류로 대체해도 좋아요.
4. 파마산 치즈 가루와 카레 가루가 들어가서 짭조름하기 때문에 술안주로도 그만이에요.

말리는 식재료로 가장 효과적인 것이 바로 채소입니다. 파프리카, 양파, 당근, 호박씨 등은 말려서 먹으면 훨씬 쉽게 영양분을 섭취할 수 있습니다. 호박씨에는 비타민E가 풍부하여 노화를 예방하는 효과가 있습니다. 파프리카나 양파, 당근 등에는 항산화 성분과 함께 식이섬유가 풍부하여 포만감을 주어 다이어트에도 도움이 됩니다.

DRY FOOD RECIPES
3미 다식
❀ 간식 ❀

다식은 차와 함께 먹는 과자라는 뜻으로 송홧가루나 녹차, 백련초, 단호박 등의 가루를 사용해서 다양한 맛과 색을 내는 전통 간식이에요. 여기서는 백미 가루와 흑미 가루, 현미 가루로 만들어봤어요.

재료 백미 가루 1컵, 흑미 가루 1컵, 현미 가루 1컵, 물 4큰술, 치자 우린 물 2큰술, 꿀 9큰술, 소금 약간

 만들기

1. 백미 가루와 흑미 가루에 각각 물 2큰술, 꿀 3큰술, 소금 약간을 넣고 다식의 반죽을 만든다. 현미 가루에 치자 우린 물 2큰술, 꿀 3큰술, 소금을 넣고 다식의 반죽을 만든다.
2. 1의 반죽을 다식틀에 넣어 모양을 잡는다.
3. 2의 모양을 잡은 다식을 건조기에 넣어 건조한다.
   건조기능 40°C에서 4시간

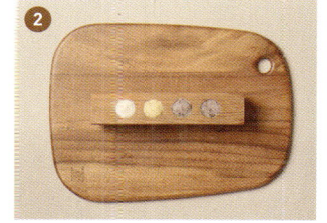
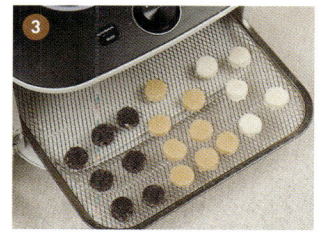

 **HANNAH'S TIP**

1. 현미 다식을 만들 때 치자 우린 물을 사용하면 더욱 먹음직스러운 색의 다식을 만들 수 있어요.
2. 다식은 우리나라 전통 간식으로 전통 차와 함께라면 훌륭한 다과상을 차릴 수 있어요.
3. 꿀 대신 조청을 사용해도 좋아요.
4. 반죽의 상태를 보면서 물의 양을 조절하세요.

 **DOCTOR'S TIP**

현미는 쌀을 덜 탈곡시킨 식품입니다. 현미에는 옥타코사놀 성분이 많아 체내 콜레스테롤 감소를 돕고 피로를 회복시켜줍니다. 쌀의 영양소는 도정 과정을 거치면서 점차 단백질, 비타민, 미네랄은 감소하고 단순 당질만 증가합니다. 그러나 쌀겨 층이나 배아 층이 함유된 현미는 백미보다 비타민B1, 비타민E는 4배 이상, 비타민B2는 2배, 지방, 철, 인은 2배 이상, 식이섬유는 3배 이상 함유하고 있습니다. 이처럼 흰쌀에 비해 비타민B군을 비롯한 각종 영양소와 미네랄이 풍부하여 영양에 좋을 뿐만 아니라 식이섬유가 풍부해 같은 양을 먹었을 때 포만감이 오래가고 장운동에 도움이 되어 변비를 예방해줍니다.

DRY FOOD RECIPES

프락토 앙금과자

❀ 간식 ❀

프락토 앙금과자는 상투과자와 모양이 같아요. 프락토 올리고당은 설탕이나 물엿과 달리 요리할 때 단맛을 내는 제품 중 고급에 속해요. 아몬드 가루와 두유가 들어가기 때문에 고소하면서도 백앙금과 프락토 올리고당으로 인해 단맛이 나는 것이 특징이에요.

재료 백앙금 500g, 아몬드 가루 50g, 달걀노른자 1개, 프락토 올리고당 30g, 두유 30g, 단호박 가루 10g, 녹차 가루 10g

 **만들기**

1. 분량의 백앙금과 아몬드 가루, 달걀노른자, 프락토 올리고당, 두유를 섞어 앙금 반죽을 만든다.
2. 앙금 반죽을 2등분으로 나눠 단호박 가루와 녹차 가루를 각각 넣고 섞는다.
3. 건조기 트레이에 종이호일을 깔고, 짤주머니를 이용해서 앙금 반죽을 원하는 모양으로 짜서 건조한다.

　🔲 건조기능 60℃에서 10시간

1. 특유의 색이 있는 과일이나 채소를 건조한 뒤 갈아서 천연 가루를 활용하면, 건강한 맛과 색을 내는 조미료를 만들 수 있어요.
2. 앙금 반죽이 너무 되다면 두유의 양을 조절하세요.

하루 적정 설탕 섭취량은 50g 이하로 이는 각설탕 12개에 해당하는 양입니다. 무심코 먹는 콜라 한 캔에 각설탕 11개 정도가 들어 있으니 자신도 모르게 과다한 설탕을 먹는 경우도 많습니다. 설탕에 비해 올리고당은 식이섬유가 풍부하여 비만을 예방하는 장점이 있고 비피더스균 등 우리 몸에 좋은 유익균의 먹이가 되어 장내 유익균의 증식에 도움을 줍니다. 유해균에 비해 유익균이 잘 자라는 환경이 되면 장운동이 정상화되어 변비도 사라지며, 장은 독소 배출과 면역력을 높여주는 기능을 활발하게 합니다.

DRY FOOD RECIPES
귤 머핀
· 간식 ·

귤 칩과 귤즙, 귤껍질을 사용해서 비타민이 풍부하고 향긋한 향이 매력적인 머핀이에요. 말린 귤은 그 자체로도 맛이 좋아서 간식으로 먹기 좋지만, 머핀을 만들어 먹으면 색다르게 귤을 즐길 수 있어요. 다른 말린 간식과는 달리 귤 머핀은 보관 기간이 길지 않으니 먹을 만큼만 만들어주세요.

 **재료** 귤 2개, 박력분 100g, 베이킹파우더 2g, 달걀 2개, 설탕 90g, 귤즙 40g, 귤껍질 1큰술, 버터 100g, 설탕 시럽 3큰술

 만들기

1. 귤은 깨끗이 씻어 모양을 살려 얇게 썰고, 설탕 시럽을 묻혀 건조한다.
   건조기능 70℃에서 11시간
2. 믹싱 볼에 분량의 달걀과 설탕을 넣고 거품이 생길 정도로 휘핑해 준 뒤, 귤즙과 귤껍질을 넣고 섞는다.
3. 2에 분량의 박력분과 베이킹파우더를 체에 내려 함께 섞어준 뒤, 녹인 버터를 넣고 섞는다.
4. 3을 냉장고에 1시간 휴지시키고, 머핀 틀에 반죽을 담아서 1의 말린 귤을 거칠게 부셔서 올린 뒤 165℃로 예열한 오븐에 15분간 굽는다.

 **HANNAH'S TIP**

1. 귤껍질은 건조하여 반신욕에 사용하거나 차로 우려 마시면 아주 좋아요.
2. 귤은 껍질이 얇고 단단하며 크기에 비해 무거운 것이 과즙이 풍부하고 맛이 좋아요.
3. 달걀과 설탕을 휘핑할 때 설탕을 두세 번에 나눠 넣으면 거품이 잘 생겨 부드러운 반죽을 만들 수 있어요.
4. 버터를 넣고 섞을 때에는 가벼운 느낌으로 섞어주세요.

 **DOCTOR'S TIP**

귤껍질의 하얀 부분은 플라보노이드의 일종인 헤스페리딘 성분인데 이는 비타민P의 일종으로 모세혈관을 튼튼하게 해주고 체지방을 분해하는 데 도움을 줍니다. 또한, 혈관의 노화와 고혈압으로 인한 혈관의 손상을 막아주는 효과가 있습니다. 이러한 헤스페리딘은 과육에도 있지만 껍질에는 과육의 40~60배 더 많으므로 껍질 째 말려 먹는 경우 더욱 효과적으로 섭취할 수 있습니다. 말린 귤껍질에 들어 있는 폴리페놀 함량과 플라보노이드 함량은 오래 말릴수록 오히려 증가한다는 연구 결과가 있어 항산화 효능을 더욱 높일 수 있습니다.

현대인에게 꼭 필요한 말린 식품

Q 말린 식품이 변비 해결에 도움이 될까요?

A 변비를 해결하기 위해서는 충분한 수분 섭취, 적절한 활동과 운동이 필요하며 식습관이 무엇보다 중요합니다. 대장 운동을 활발하게 하기 위해서는 식이섬유의 섭취가 충분해야 합니다. 식이섬유의 하루 권장 섭취량은 20~30g 정도인데 식이섬유를 권장량만큼만 먹어도 대장암 위험은 반으로 줄일 수 있습니다. 식이섬유를 충분히 섭취하려면 채소를 충분히 섭취해야 합니다. 하지만 점점 외식이 늘고 가구당 식구 수가 적어 채소를 구매하고도 다 먹지 못한 채 버리는 경우가 많습니다. 이럴 때는 말린 채소를 활용하는 것이 좋습니다. 보관하기도 좋고 말리면서 식이섬유의 양이 매우 높아지므로 변비 해결 그 이상의 이득을 얻을 수 있습니다.

Q 말린 식품이 성인병 예방에 도움이 될까요?

A 성인병의 대표적 질환이 고혈압, 당뇨, 고지혈증입니다. 이들은 혈관의 흐름을 방해하고 결국 동맥경화, 혈관 염증으로 인해 혈관이 막히는 합병증을 겪게 합니다. 이러한 성인병은 짜게 먹는 습관, 활동 부족, 스트레스, 과체중, 흡연 등의 영향으로 발생합니다. 그중 식습관이 매우 중요하지요.
세계보건기구(WHO)가 제시한 1일 염분 섭취량 5g 이하에 비해 우리나라 염분 섭취량은 하루 평균 12g으로 2배 이상 높은 것으로 나타납니다. 염분을 줄이기 위해서는 짜게 먹지 않는 것이 우선이고 다음으로는 염분의 배출을 늘리는 것이 좋습니다. 말린 음식은 염분 배출을 위한 칼륨의 좋은 공급원이 됩니다. 또한, 말린 음식에 풍부한 식이섬유는 장운동을 증진시키고 신진대사를 활발하게 하여 염분 배출에도 효과적입니다. 성인병 예방을 위해서는 말린 채소나 버섯을 충분히 섭취하는 것이 좋으며, 국이나 탕의 간은 소금으로 하기보다는 말린 미역이나 말린 새우, 말린 버섯을 우려내어 사용하는 것이 좋습니다.

Q 말린 식품으로 독소 배출을 할 수 있나요?

A 우리 몸에는 여러 경로로 독소가 들어옵니다. 최근에 기승을 부리는 황사나 미세 먼지에도 중금속이나 독소가 포함되어 있습니다. 이러한 외부적인 요인 외에 식품을 섭취해도 대사 과정에서 독소가 생겨날 수 있습니다. 정상적인 식사를 하더라도 과식을 하거나 고지방식이나 영양이 불균형하면 독소가 생겨납니다. 이럴 경우, 대사 과정에서 불완전한 산소유리기를 만들고 이는 독성 산소로 우리 신체의 곳곳을 공격하게 됩니다.

이러한 독소를 배출하기 위해서는 고른 영양 섭취가 중요합니다. 또한, 과식이나 고지방식을 줄이기 위해 식이섬유를 충분히 섭취하고 비타민과 미네랄의 섭취를 고르게 잘 하는 것이 포만감을 주고 에너지 영양소의 대사를 활발하게 하는 데 도움이 됩니다. 이러한 문제는 말린 식품을 잘 챙겨 먹는 것으로 해결할 수 있습니다. 물론, 고른 천연 식재료를 매끼에 챙겨 먹는 것이 좋지만, 현실적으로 어렵다면 말린 식재료를 적절히 사용하는 것도 방법입니다. 이는 독소의 생성을 줄이고 배출을 늘려 주어 현대인을 위협하는 많은 질병의 위험을 낮출 수 있습니다.

Q 말린 음식이 암 예방에 도움이 되나요?

A 암의 원인은 정확히 알려지지 않은 것이 더 많으나, 대체로 보았을 때 먹는 것과 관계 있는 경우가 30%를 넘는 것으로 추정합니다. 암 유발을 증가시키는 고지방식, 짠 음식, 탄 음식 등을 피하고 독소를 배출하는 항산화 성분, 식이섬유 등을 섭취하는 것이 중요합니다. 그러기 위해서는 천연 식재료를 잘 섭취해야 하는데 그 방법의 하나가 바로 말린 식품을 이용하는 것입니다. 식품을 말려서 먹으면 그만큼 맛도 깊어지고 식감도 좋아지지만, 그보다 건강과 암을 예방하기 위해서도 말린 식품을 적극적으로 활용하는 것이 좋습니다.

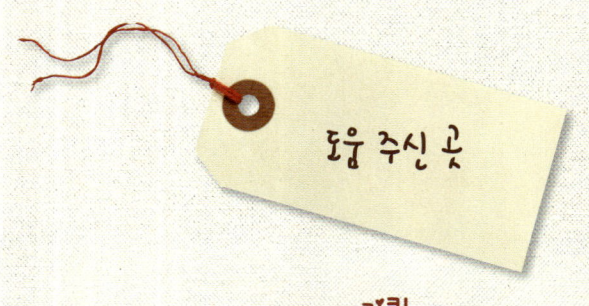

도움 주신 곳

리큅

홈페이지 : www.lequip.co.kr
전화번호 : 1566-6563

건강한 생활 문화를 선도하는 주방 가전 브랜드로, 국내 최초로 식품건조기를 개발해 판매하고 있다.
더불어 리큅은 섬유질까지 미세하게 분쇄해 영양소의 체내흡수율을 높여주는 'RPM 블렌더'를 비롯해
저온 착유 시스템을 적용해 가정에서 직접 건강한 기름을 만들어 먹을 수 있는 '오일프레소'도 선보이고 있다.

다이닝오브제

홈페이지 : www.diningobject.com
전화번호 : 1666-3745

다이닝 오브제는 셰프들의 조리 용품과 품격 있는 그릇,
스타일링을 위한 감각적인 우드 제품들을 판매하는 테이블 세팅 종합 쇼핑몰이다.

retro cafe 33

홈페이지 : blog.naver.com/pfml2000
전화번호 : 031-212-3326

용인시 주택가에 위치한 조용하고 편안한 유럽풍 레트로 카페이다.
매장에서 직접 만든 음식과 위트 있는 인테리어 그리고 소품들이 찾아가는 재미를 준다.

도마네

홈페이지 : www.domane.co.kr
전화번호 : 02-322-0229

'도마네'는 단단하고 질 좋은 나무로 다양한 디자인의 도마 및 각종 소품을 제작 및 판매하고 있다.

르쿠르제

홈페이지 : www.e-lecreuset.co.kr
전화번호 : 02-3441-4841

르쿠르제는 1925년 시작된 프랑스 주방용품 브랜드로 수작업만의 이점인 아름다움과 선명한 컬러,
기능미를 추구한 심플한 디자인의 제품을 선보이고 있다.
무쇠 주물 제품, 스톤웨어, 실리콘을 사용한 주방용 액세서리가 꾸준한 사랑을 받고 있다.

실리트

홈페이지 : www.e-sunwoo.com
전화번호 : 031-793-1172, 4143

실리트는 독일의 90년이 넘는 주방 기구 전문 제조회사로 모든 제품을 독일의 자체 생산 공장에서 생산한다.